Martin von Tours

Mit einem Essay von Walter Nigg
48 Farbtafeln von Helmuth Nils Loose
und Auszügen aus den biographischen Schriften des
Sulpicius Severus

Martin von Tours

Leben und Bedeutung des großen Heiligen,
des Ritters Christi, wundertätigen Bischofs und mutigen Bekenners

Herder Freiburg · Basel · Wien

Fotograf und Verlag danken den Direktionen des Musée de Cluny in Paris, der Bibliothèque Municipal in Tours, des Musée Historique des Tissus in Lyon, des Römisch-germanischen Museums in Köln und des Rheinischen Landesmuseums in Bonn sowie allen kirchlichen Stellen und zahlreichen Informanten für ihre Hilfe bei den Aufnahmen für dieses Buch.

ZWEITE AUFLAGE

Offsetreproduktionen: Rito AG, Zürich
Gesamtherstellung: Freiburger Graphische Betriebe 1979
ISBN 3-451-17792-7

Inhalt

Der wundertätige
Bischof von Tours
von Walter Nigg

Martin von Tours und seine Welt

Bildteil von
Helmuth Nils Loose
mit Texten von
Sulpicius Severus

Vorbemerkungen

Eine beschämende Feststellung

„Guten Morgen, liebe Hörerinnen und Hörer. Sicher rasieren Sie sich gerade oder sitzen Sie am Kaffeetisch oder stehen Sie vor dem Spiegel oder packen Sie Ihre Mappe, um zur Arbeit zu eilen. Aber mitten in diesen Tätigkeiten haben Sie noch ein Ohr für etwas Besinnliches, das ich Ihnen nun bieten darf; und dafür danke ich Ihnen herzlich. Sehen Sie, es ist doch etwas so Wichtiges, mitten im Getriebe des Alltags auch einmal eine Minute der Besinnung einzulegen. Der heutigeMensch kommt mir manchmal vor wie jener Bettler, der verloren und verworren am Wege stand, bis ihm von Sankt Martin die Hälfte des Mantels geschenkt wurde. Ja, geht es Ihnen nicht auch so, daß Sie in den besten Minuten Ihres Lebens dieses innere Warten verspüren, dieses Sehnen nach einem, der des Weges kommt, um etwas zu schenken, was Wärme gibt, was hüllt und birgt in der großen Einsamkeit? Das Wort, das zu Ihnen über den Äther klingt, es sollte so etwas sein wie eine gute Gabe, es könnte auch bei Ihnen ganz persönlich so etwas werden wie ein Mantel, der Sie bergen und wärmen wird..."

Diese Worte schrieb Gaston Richolet in seinem Büchlein: „Kostümprobe mit einem Heiligen". Alle „Variationen über ein geistliches Thema" sprechen vom heiligen Martin. Gaston Richolet ist wahrscheinlich ein Pseudonym, hinter dem sich ein munterer Theologe versteckt. Das humoristische Büchlein schildert in spaßigem Ton, was der Durchschnittschrist über Martin weiß, was das Fräulein im Kindergarten mit großer Zungenfertigkeit über ihn ausführt, was der Pfadfinderführer im Brustton seiner Überzeugung den Knaben über Martin vorträgt, was der trockene Gelehrte über diese Gestalt weiß usw. Der Verfasser ahmt die bei passenden und unpassenden Gelegenheiten angewendeten hochtönenden, stimmungsvollen und schablonenhaften Stile der Redner und Schreiber nach und nicht weniger deren Zweckbestimmungen, seien sie nun dogmatischer, sozialpolitischer oder feuilletonistischer Art. Es ist eine köstliche Parodie auf die törichte Phraseologie, mit der man gewöhnlich die Unwissenheit über Martin überzieht. Bei allem Spaß wird die Gestalt des Heiligen mit keinem Wort angetastet. Der Verfasser bringt den Leser zum Lachen; man würde wenig Verständnis für die Heiligen verraten, glaubte man, es sei nicht erlaubt, sich über die verdrehten Darstellungen lustig zu machen. Es ist durchaus angebracht, das ganze unechte Getue in den Heiligen-Schilderungen zu verspotten und es nicht gedankenlos weiterzuschleppen, bis man des langweiligen Geschreibsels so gründlich überdrüssig geworden ist, daß man gar nichts mehr von den Boten Gottes hören will.

Aber so erquickend „Die Kostümprobe" wirkt, etwas stimmt den Leser doch nachdenklich. Alle Redner, die sich bei Vereinsfesten, in Akademien oder sonstwo über den heiligen Martin zu Worte melden, wissen von ihm nur die bekannte Mantelgeschichte zu berichten, jene Teilung, die man früher sogar auf der schweizerischen Banknote betrachten konnte. Die meisten Menschen kennen diese Begebenheit, aber was wissen sie sonst noch über Martin? Nichts, aber auch gar nichts. Die Christen haben den volkstümlichen Heiligen, den sie zu den Vierzehn Nothelfern zählen, dem sie unzählige Kirchen erbauten, dem sie in mannigfachen Martinsgebräuchen huldigen, vergessen, indem er für sie zu einer mehr oder weniger unbekannten Gestalt geworden ist. Sie wissen kaum, in welchem Jahrhundert er gelebt hat, und kein konkretes Bild verbindet sich mit seiner Persönlichkeit.

Soll man dies mit dem beliebten Wort, „eine kleine Bildungslücke" entschuldigen? Nein, denn ein solches Eingeständnis ist ein bloßes Feigenblatt, das nichts verdeckt. Offen gesagt: es ist eine Schande! Mag sich ein artiger Leser durch diesen spontanen Ausdruck betroffen fühlen, aber „wes das Herz voll ist, des geht der Mund über". Ein zorniges Wort wirkt manchmal mehr als alles fromme Gesäusel, das niemandem weh tun will. Sind nicht die sogenannten gebildeten Leute oft ganz ungebildet? Über jede Automarke können sie wie Sachverständige mitreden, über Diätkost sind sie imstande, stundenlange Gespräche zu führen, aber über eine der größten Gestalten aus der Welt der Heiligen wissen sie nicht mehr als jeder Erstkläßler. Warum gibt es diese beschämende Unwissenheit? Ist es deshalb, weil man sich bloß für alles andere in der Welt mehr interessiert als für die Heiligen?

Statt einer Antwort zitiere ich ein nachdenkenswertes Wort von Hans Urs von Balthasar: „Nicht nur die Verehrung der Heiligen, vor allem auch die Kenntnis der Heiligen ist im Volke fast aller Länder in einem raschen Schwunde begriffen. Für die Frischerhaltung des Volksgedächtnisses wird sehr wenig getan. Die alten Darstellungen der Heiligen würden, selbst wenn sie noch erhältlich wären, den Christen von heute und morgen nicht genügen. Die künstliche Isolierschicht, mit denen barocke und nazarenische Hagiographie sie umgab, hat sie den Menschen von heute entfremdet. Das Heiligenbild der Zukunft muß – nicht aus den ‚Bedürfnissen' der Heutigen allein, sondern aus der Tiefe der Offenbarungswahrheit – so neugeschaffen werden, daß die Heiligen wie einst *mit* uns, *neben* uns, *für* uns, *in* uns leben, als die besten Hüter und Beleber der heiligen Gemeinschaft der Kirche." Diese Worte sprechen für sich selbst. Wenn wir wollen, daß uns die Heiligen wieder zu beunruhigen anfangen, dann müssen wir sie nicht dem Horizont des modernen Menschen anpassen, was eine Verfälschung zur Folge hätte. Es gilt, den umgekehrten Weg einzuschlagen, indem wir den heutigen Menschen sachte an der Hand nehmen und ihn vor ein Heiligenbild führen, damit er es anschaue, gründlich und unvoreingenommen. Bitten wir ihn, den Heiligen nicht nur eines flüchtigen Blickes zu würdigen, sondern auszuharren vor ihm, bis er seine Flammensignale empfängt.

Berichterstattung aus Begeisterung

Martin von Tours gehört zu den Heiligen, die nichts geschrieben haben. Man muß es mit langsamer Betonung sagen: nichts geschrieben! Es gibt von ihm, wie von etlichen anderen Großen aus der Geisteswelt, keine literarische Hinterlassenschaft. Man mag sich fragen, aus welchen Gründen Martin wohl nicht zur Feder gegriffen hat. War er zur völligen Klarheit hindurchgedrungen, und hatte er es daher nicht nötig, sich im Schreiben zu klären? Es ist dies möglich, doch wissen wir es nicht bestimmt. Nur das eine steht fest: Martin war kein Mann der Literatur. Seine Bedeutung liegt auf einer anderen Ebene.

Trotzdem blickt uns Martin nicht stumm an. Er redet zu uns, und daß er dies tut, ist das alleinige Verdienst von *Sulpicius Severus*. Dieser Mann war von Beruf Anwalt und war mit der Tochter eines vornehmen Konsuls verheiratet. Er war ein an Sueton und andern Klassikern geschulter Mensch und interessierte sich auch lebhaft für theologische Fragen. Etwas unbedacht trat er für den Pelagianismus ein, eine aus Britannien oder Irland stammende Irrlehre des Mönchs Pelagius († nach 418); doch nachdem die Kirche diesen ablehnte, fühlte er, daß er auf das falsche Pferd gesetzt hatte. Dies kann im Leben vorkommen. Sulpicius Severus strafte sich selbst, indem er gelobte, sich fortan in keine theologischen Streitfragen mehr einzumischen. Er hielt das Gelübde bis zu seinem Tode und nahm damit eine charaktervolle Haltung ein. Wenn heutzutage Theologen und mündige Christen so viel Rasse hätten, gäbe es ein großes Verstummen, und wir wären mit einem Schlage vom theologischen Geschwätz befreit, das so viel Verwirrung verursachte. Eine wohltuende Stille würde eintreten und viel zur inneren Besinnung beitragen.

Da Sulpicius Severus von den theologischen Fragen Abstand nahm, schrieb er die Biographie des Martin von Tours und ergänzte sie durch drei Briefe und drei Dialoge. Er hat mit seinem Schrifttum über Martin eine anerkennenswerte Leistung vollbracht. Obwohl er nicht als Mönch Martins Lebensweise teilte und daher nicht als Schüler angesprochen werden kann, war er doch ein Augenzeuge. Er reiste zu Martin, besprach sich mehrmals mit ihm und war somit nicht darauf angewiesen, etwas aufzuschreiben, was andere ihm erzählt haben. Diese gewichtige Tatsache verdient vermerkt zu werden. Zudem gibt es keine andern Quellen über Martin. Alles, was wir vom Heiligen wissen, verdanken wir nur Sulpicius Severus. Was Gregor von Tours einige Jahrhunderte später über Martin schrieb, hat er von Sulpicius Severus übernommen, und nicht anders verhält es sich mit der *Legenda aurea* des Jacobus de Voragine. Der Verfasser veröffentlichte sein Werk kurz nach Martins Tod, und daß es sich bis zum heutigen Tag erhalten hat, verdanken wir vorwiegend *Paulinus von Nola*, der zahlreiche Abschriften anfertigen ließ, von denen etliche Exemplare den Völkerwanderungssturm überdauert haben. Sulpicius Severus' Vita über Martin ist für das Abendland von ebenso weitreichender Bedeutung, wie die Lebensbeschreibung des Athanasius über

Antonius von Ägypten es für den Osten ist. Die Martinsschriften waren im Mittelalter überaus beliebt und dienten vielen Hagiographen als Vorbild. Natürlich wurden auch solche Dokumente von der modernen Hyperkritik angenagt, aber dies hat sich als eine bloße modische Sucht einer Zeit herausgestellt, die zu behaupten liebte, die Odyssee sei nicht von Homer und Shakespeares Werk nicht von Shakespeare geschrieben worden. Selbstverständlich hat die kritische Untersuchung ihre Berechtigung, aber sie darf nicht die höchste Bewertung erfahren. Oft geht bei den kritischen Analysen jeglicher Glanz verloren, was keineswegs der Zweck der Übung sein kann. Sulpicius Severus hat über Martin nachgeforscht und hat versichert, nur wahre Begebenheiten berichtet zu haben. Der Vorwurf einer allzu großen Leichtgläubigkeit kann sich nur gegen seine Schilderungen der Wunder richten. Dies ist jedoch nur ein weltanschaulich bedingter Einwand und niemals eine sich auf geschichtliche Fakten abstützende Feststellung. Sulpicius Severus selbst ersuchte den Leser, mehr auf den Inhalt als auf die Form zu achten, und erklärte feierlich, nur geschichtliche Wahrheit gewissenhaft dargestellt zu haben, Dinge, die er selbst gesehen, aus dem Munde des Heiligen vernommen oder von zuverlässigen Zeugen gehört habe. „Martin ist ja auch nicht auf Lügenberichte angewiesen", stellte er im dritten Dialog in ruhigem Ton fest.

Gegen Sulpicius Severus' Lebensbeschreibung wurde der Einwand erhoben, sie sei erbaulich abgefaßt und diene lediglich der Glaubensstärkung. Der gleiche Einwand könnte auch gegen die Evangelien vorgebracht werden. Die historisch-kritische Forschung hat sich denn auch mit ihrer außerhalb der Evangelien liegenden Betrachtung mehr als einen Zahn ausgebissen. Man müßte eher anerkennend hervorheben, daß Sulpicius Severus mit einer spürbaren Wärme und einer sichtlichen Begeisterung über Martin geschrieben hat, eine Haltung, die durch keine bloße Akribie ersetzt werden kann. Er hatte Martin in sein Herz geschlossen und wußte, jener war größer als er. Ehrfurcht erfüllte ihn, und niemals hätte er es vermocht, von oben herab über Martin zu urteilen. Der Leser fühlt sich nur von einer mit innerer Anteilnahme verfaßten Schrift angezogen. Offensichtlich liebte Sulpicius Severus sein großes Vorbild, und unser Erkennen ist wesentlich von der Liebe bestimmt. Zwar sieht der Blick des Hasses auch scharf, aber er nimmt doch nur ein verzerrtes Bild wahr. Die Liebe ist die wahre Erkenntnisquelle, eine Empfindung, die Sulpicius Severus in hervorragendem Maße besaß. Wer dies nicht beachtet, wird eine Heiligengestalt nie mit dem erforderlichen Ernst verstehen. Die Liebe allein ist von zündender Wirkung; Sulpicius Severus war deshalb gewiß, daß sein Buch vielen suchenden Menschen eine willkommene Gabe sein werde.

Der legendäre Stil

Man hat versucht, den hagiologischen Gesichtspunkt in der Martins-Beschreibung möglichst auszumerzen, um den angeblich historischen Martin herauszuschälen. Die Trennung zwischen dem geschichtlichen und dem legendären Martin kann jedoch nie gelingen. Eine solche Bemühung ist dem zeitlich bedingten Wahrheitsbegriff der Aufklärung verpflichtet. Ein derartiges Denken trägt eine schiefe Frage an eine frühchristliche Vita heran. Die moderne Naturwissenschaft brachte ihre enormen Errungenschaften hervor, weil sie die ihr entsprechende rationale Denkmethode gefunden hat. Im Unterschied zu ihr ist die Theologie einem rückläufigen Prozeß verfallen, indem sie ihr überrationales Denken preisgab und das naturwissenschaftliche Denken zu übernehmen versuchte, womit sie einen Schlüssel in die Hand bekam, der nun einmal zu keinem Schloß ihres Gebietes paßt und infolgedessen keine einzige Türe zu öffnen vermag. Es lohnt sich, über die grundsätzlich verschiedenen Denkmethoden scharf nachzudenken, damit die Hagiographie nicht noch unfruchtbarer wird, als sie es heute leider schon ist.

Martin ist zweifellos eine geschichtliche, aber vor allem ist er – dies klingt für moderne Ohren zunächst höchst befremdend – eine magische Gestalt, ähnlich wie Baalschem, der Gründer des ostjüdischen Chassidismus. Von Martins magischer Persönlichkeit gibt Sulpicius Severus noch und noch Proben, indem er von ihrer starken Ausstrahlung und ihren Kräften erzählt, dank denen sie schließlich zum Urbild des abendländischen Heiligen geworden war. Das Wort ‚magisch‘ darf nicht mit ‚zaubergläubig‘ übersetzt werden, bedeutet es doch in diesem Falle eher, daß Martin noch einer Welt angehörte, in der die bloß rationalen Vorstellungen nicht anwendbar waren. Für eine magische Gestalt kommt nur die legendäre Berichterstattung in Frage, eine Schilderung, die allerdings nichts mit einer erfundenen, leichtgläubigen Geschichte zu tun hat. Die legendäre Schreibweise entspricht der „Sprache der Fischer“, in der die Evangelien geschrieben wurden. Sie ist eine großartige Glaubensschau, die das Einmalige, Noch-nie-Dagewesene hervorhebt und sich nie in Nebensächlichkeiten verliert. Alle Lebensbeschreibungen der alten Heiligen sind in einem dem Gehalt adäquaten legendären Stil verfaßt, der seine eigenen Maßstäbe hat und keine falschen Anleihen bei der philosophisch-theologischen Sprache macht. Wie für Thomas Manns spätbürgerliche Schriftstellerei die Ironie das Stilmittel war, dessen er sich in seinen Publikationen bedient hat – selbst dort, wo sie, wie in seinem Josephsroman, völlig deplaciert war –, weil die ironische Haltung der glaubenslosen Einstellung der Bourgeoisie entsprach, so war das Legendäre die entsprechende Ausdrucksform einer aufstrebenden Glaubenszeit. Echte Legenden wissen zu erzählen; die Kunst des Erzählens gleicht jener der großen Dichter, bei denen keine Langeweile aufkommt, und man ihrer nie müde wird. Geradezu töricht wäre es, sich der legendären Darstellung zu schämen. Man denke nur an das

Wort des tiefblickenden Charles Péguy: „Man sollte die Katholiken mit einem großen Knüppel verprügeln, wenn sie anfangen in wissenschaftlichem Ton von ihren Legenden zu reden!" Wir freuen uns von Herzen über diesen für Péguy typischen Ausspruch. Der französische Dichter hat etwas verstanden, was in der heutigen Zeit die Kathederhistoriker einfach nicht begreifen. Legendäre und wissenschaftliche Auffassungen sind zwei nicht vergleichbare Darstellungsweisen. Der Hagiograph muß den Mut aufbringen, auf den modernen Wissenschaftsanspruch bewußt zu verzichten, weil dieser einer Heiligengestalt unmöglich gerecht wird. Er muß wieder auf den legendären Stil zurückgreifen, den er zwar von früher nicht sklavisch übernehmen darf, was falsch wäre, sondern den er in eine eigene, neue Sprache formen muß, eine Sprache, die wir noch nicht kennen, aber nach der wir mit der ganzen Leidenschaft unseres Wesens suchen.

Péguy hielt sich auch über die modernen Schriftsteller auf, die „so gerne den heiligen Martin verkleinern wollen. Wie kommt es, daß sie bei all ihren unermeßlichen Arbeiten niemals dazu zu bringen waren, jemanden zu vergrößern?" Es lohnt sich, auch darüber nachzudenken, denn diese Wahrnehmung weist auf ein offenkundiges Armutszeugnis hin. Einen Menschen abzuwerten, ihn gleichsam in den Unterhosen dem Publikum vorzustellen, ist doch wahrhaftig kein Kunststück! Dies vermag jeder Lausejunge mit seinem hämischen Lachen. Eine Gestalt jedoch groß zu sehen, von ihr in einem verehrenden Ton zu schreiben und sie nicht in einer kleinlichen Froschperspektive versanden zu lassen, dazu bedarf es eines magischen Stiles und der Fähigkeiten, in legendären Kategorien zu denken. Dies allein schon ist eine aufbauende, wenn auch schwierigere Arbeit als das bloße Niederreißen. Sulpicius Severus war von einem positiven Willen erfüllt und darum sind wir ihm dankbar, daß er es war, der die Vita über Martin geschrieben hat, denn ihm war die seltene Gabe verliehen, das Große auch groß zu schauen. Wir folgen willig seinen Spuren, mögen darüber auch einige auf Enthüllungen erpichte Leser den Kopf schütteln; das ficht uns nicht an. Man kann von den geistig bedeutsamen Gestalten nicht groß genug denken, wobei es nicht auf hilflose Superlative ankommt, wohl aber auf die innere Ergriffenheit. Im übrigen hat sich auch die profane Geschichtsschreibung nie mit der bloßen Überlieferung von nackten Tatsachen begnügt. Auch sie will den Fakten stets einen Sinn hinzufügen, was allein die mühselige Geschichtsschreibung zu einer Art von Kunstwerk erhebt. Der Sinn tritt bei Sulpicius Severus' Werk leuchtend zutage: „Die Leser sollen dadurch zu weiser Lebensführung, zum himmlischen Kriegsdienst und göttlichem Tugendstreben kräftig angespornt werden." Sulpicius Severus begehrte keinen Ruhm, wollte er doch sein Buch ohne seinen Namen erscheinen lassen. „Das Titelblatt soll stumm bleiben oder doch nur vom Inhalt, nicht aber vom Verfasser reden", sagte er. Die Sache allein war ihm wichtig, niemals die eigene Ehre. Auch diese bescheidene, vornehm zurücktretende Haltung müssen wir wieder lernen. Das Ziel jeder Heiligenschilderung liegt darin, die Liebe zum Heiligen zu wecken, ihn nachzuahmen und in ihm ein Vorbild zu sehen. Daß dieses Vorbild auch nach Jahrhunderten nichts von seiner Kraft verliert, dafür ist gerade die Gestalt des heiligen Martin ein leuchtender Beweis.

Schließlich erhebt sich hierüber noch ein letztes Problem: Es ist für den modernen Menschen nicht selbstverständlich, eine Legende auch lesen zu können. Zunächst ist es nicht möglich, sie in der Diagonale zu überfliegen, wie dies oft bei der Lektüre der Zeitungen geschieht, so daß man manchmal schon nach einer Stunde nicht mehr sagen kann, was man gelesen hat. Die großartige Erfindung des Fernsehens hat unsere Aufnahmefähigkeit zerstört; wir sehen zwar viele Dinge, aber wir vergessen sie auch gleich wieder. Wir haben das sinnende Nachdenken verlernt. Ida Friederike Görres schrieb einmal: „Für uns Heutige ist Legenden-Lesen eine Kunst, die wieder gelernt werden will." Eine Legende ist vor allem ein religiöses, und erst viel später ein literarisches Zeugnis, und daher bedarf es zu ihrer Erfassung zunächst der Stille und der inneren Sammlung. Es ist auch nicht erlaubt, mit dem Vorurteil an eine Legende heranzutreten, die in ihr überlieferten Geschehnisse seien doch nicht wahr. Legenden sind nie erfunden worden, obwohl sie oft poetische Ausschmückungen erfahren haben. Natürlich ist es berechtigt, die Frage nach der Geschichtlichkeit einer legendarischen Gestalt zu stellen, aber es bleibt eine sekundäre Frage. Die Hauptsache bei einer Legende ist ihr Sinn-Gehalt, ihre Botschaft an den Menschen. Eine Legende verlangt nach einer Deutung und nicht nach einer Zergliederung. Vor allem ist daran zu erinnern: das Wort ‚Legende' heißt ‚das zu Lesende'; ich möchte noch stärker betonen: ‚das immer wieder und stets aufs neue zu Lesende'. Man müßte sie so lange lesen, bis ihr Inhalt in die Seele des Menschen eingegangen ist. Wahrhaft verstanden hat man eine Legende erst, wenn sie nach mehrfacher Lektüre stets wieder neu erscheint, frisch wie am ersten Tag.

Frühe Begebenheiten

Die Welt ist aus den Fugen

Im Mittelalter schrieb man die Heiligenviten auf dem Goldgrund der Ewigkeit. Wir dagegen können und dürfen sie nicht mehr losgelöst von Zeit und Raum betrachten, weil sie sonst für uns starre Gestalten bleiben, die weder Leben in sich haben noch zu uns sprechen. Martin wurde in ein unerfreuliches Jahrhundert hinein geboren, in eine Zeit, die man mit den Worten Hamlets charakterisieren müßte: „Die Welt ist aus den Fugen, Hohn zu denken, daß ich berufen ward, sie einzurenken." Das vierte Jahrhundert stand im Zeichen des Zerfalls. Das Heidentum lag in den letzten Zügen und löste sich unter schweren Zuckungen auf. Unter dem Ansturm wilder Völkerscharen krachte das Römische Reich zusammen. Die Zeit des großen Cäsaren war längstens vorbei. Heerführer, oft ganz niederer Herkunft, ließen sich durch ihre Truppen zum Kaiser ausrufen, wurden manchmal wenig später ermordet, und hernach nahmen neue Emporkömmlinge ihren Platz ein. Solche Herrscher waren den Anforderungen der Zeit in keiner Weise gewachsen.

Martin war ein Sohn jener Umbruchszeit: „Durch seine Seele blitzte das Schwert Christi, das Licht und Finsternis schied." In jenen Jahren um Martins Geburt wurde das „Mailänder Edikt" erlassen, worin Kaiser Konstantin das bis dahin verfolgte Christentum zu einer privilegierten Religion erhob. Dies hatte einen weitreichenden Umschwung zur Folge, dessen Vor- und Nachteile der Diskussion unterstellt bleiben. Viele Menschen schlossen sich aus rein äußerlichen Gründen dem Christentum an, ohne von dessen innerem Gehalt auch nur berührt zu sein, was die Verwirrung noch erhöhte. Wie eine solche werdende Staatsreligion zu beurteilen ist, schließt schwere Probleme in sich, die sich weder mit einem kurzen Ja noch mit einem raschen Nein beantworten lassen. „Hinter all diesen Konflikten und Zerrüttungen spielen sich geistige Kämpfe ab, die das äußere Geschehen antreiben, aufwühlen und das Weltgeschick entscheiden wollen; vor allem ringt der Glaube mit dem Staat."

Herrschte aber, genauer besehen, dieses Zwielichtartige nicht in allen Zeiten? Ist die Welt nicht immer in Verwirrung, und droht ihr nicht beständig ein Zusammenbruch? Ist der Irrtum nicht verhängnisvoll, wenn man glaubt, sich als religiöser Mensch dieser desorientierten Welt anschließen zu müssen, nur damit man mit seinem Anderssein nicht auffällt? Auch ist es eine Täuschung zu meinen, früher sei es besser gewesen. Das Wort von „der guten alten Zeit" ist ein unwahres Wort. Gewiß gab es straffere Zeiten, als es die heutigen sind, aber hinter den Kulissen geschah in allen Jahrhunderten viel Ungutes. Die früheren Zeiten waren in Wirklichkeit nicht besser als die Gegenwart, man wäre ein schlechter Historiker, wollte man dies bestreiten. Das wesentliche Problem lag für Martin und liegt für den einzelnen Menschen woanders: Wie finde ich in dieser bedrohten Zeit doch den Weg, der zum ewigen Leben führt? Es ist dies keineswegs eine selbstverständliche Angelegenheit, aber es ist auch keine unmögliche Sache. Doch muß der Christ wissen, daß er mit allen Kräften gegen die niederziehenden Fluten seiner Zeit ankämpfen muß, um den lauernden Gefahren zu entgehen und den schmalen Weg zu finden. Dieser Kampf verlangt von ihm Unabhängigkeit von den Urteilen seiner Mitmenschen; er darf nicht vorzeitig müde werden, sondern muß vielmehr zum letzten Einsatz bereit sein.

Herr und Knecht

Das genaue Geburtsdatum von Martin steht nicht fest. Wahrscheinlich liegt es zwischen 316 und 317. Er kam in Sabaria auf die Welt, dem heutigen Szombathely in Ungarn. Aber er war nicht slawischer Abstammung, sondern ein echter Römer. Sabaria war damals ein römischer Militärstützpunkt; sein Vater war als Offizier in diese Römerstadt versetzt worden. Der Sohn erhielt den Namen Martinus, was so viel wie „kleiner Mars" bedeutet. Sein Vater hatte ihn somit dem Kriegsgott geweiht. Martin wuchs in Pavia auf. Man weiß nichts Näheres über seine Ausbildung, und es hat sich in dieser Stadt auch kein Zeugnis von ihm erhalten. Der Vater war römischer Tribun, und die Familie bekannte sich zum Heidentum. Es ist nicht durchaus zu bedauern, daß von Martins Kindheit nichts bekannt ist, denn gegen allzu frühe Heiligkeit sind wir mißtrauisch geworden, zumal sie leicht den Unterschied zwischen Natur und Gnade verwischt.

Martin stand früh in einem gewissen Gegensatz zu seinen Eltern. Mit zwölf Jahren flüchtete er sich in die Kirche und verlangte gegen den Willen der Eltern um Aufnahme unter die Katechumenen. Dieses Tun ist nicht ungewöhnlich, denn oft sind Kinder von areligiösen Eltern ausgesprochen religiös interessiert, und umgekehrt wollen Kinder frommer Eltern von aller Religiosität nichts wissen. Der Jüngling hörte von den Wüstenvätern und begeisterte sich für das Ideal der Eremiten. Auch das ist durchaus verständlich. Die Wüste entsprach einem Ideal, das einen heroisch veranlagten jungen Menschen entflammte. Merkwürdig ist nur, wie lange die Katechumenenzeit für Martin gedauert hat. Sie läßt sich aus der häuslichen Situation erklären, indem sein Vater gegen das Christentum eingestellt war und Martin ihn mit seiner Tat nicht kränken wollte. Das Licht Christi und die heidnische Finsternis standen sich in Martins Elternhaus gegenüber, ein Gegensatz, der die damalige Zeit beherrschte und vielleicht auch Martins Seele.

Der Jüngling mußte, auf väterlichen Druck hin, mit fünfzehn Jahren ins römische Militär eintreten. Er wurde, vom eigenen Vater gefesselt, zum Fahneneid gezwungen. Damit hoffte der Vater, der Neigung seines Sohnes zum Christentum entgegengearbeitet zu haben. Nach damaliger Sitte waren Offizierssöhne ohnehin gesetzlich verpflichtet, wiederum den Soldatenberuf auszuüben. Der Generationskonflikt bestand schon damals, und keineswegs vertraten die Eltern immer das Richtige. Bei dem Soldatensohn Martin lag das Recht durchaus auf seiner Seite.

Der junge Martin wurde der Kavallerietruppe der kaiserlichen Garde zugeteilt und trug fortan einen großen, weißen Uniformmantel. Während der Militärzeit verstrickte er sich nicht in jene Laster, die gewöhnlich mit dem Soldatenleben verbunden sind; ein anderes Ideal glühte in seiner Seele.

Als Offizier begnügte sich Martin mit einem einzigen Diener, dem er sehr zugetan war, was in seinem nicht alltäglichen Benehmen offenbar wurde. Statt sich, wie ein vornehmer Herr, von seinem Burschen bedienen zu lassen, „vertauschte er die Rollen, und der Herr bediente seinen Diener; er zog ihm meist selbst die Schuhe aus und reinigte sie; sie aßen miteinander, wobei Martinus jedoch des öftern aufwartete". Hinter diesem unscheinbaren Sätzlein verbirgt sich nichts Geringeres, als eine Umwertung aller Werte. Das ganze Herr-und-Diener-Verhältnis wird dermaßen radikal auf den Kopf gestellt, daß dem konventionellen Menschen schon an dieser Stelle der Atem ausgeht.

Die neuzeitliche Welt wird von der Klassenkampftheorie gespalten. Auf diese überaus komplizierte Angelegenheit kann man in diesem Zusammenhang unmöglich so darauf eingehen, wie es diese lebenswichtige Frage verdienen würde. Die Lösung liegt nicht in der marxistischen Sicht, wie heute in voller Lautstärke propagiert wird. Der Marxismus schafft nur eine neue Klasse, die die Privilegien der alten für sich beansprucht; man denke nur an die Vorzugsgeschäfte für Parteileute in den osteuropäischen Staaten. Man sollte die linke Lösung nicht so blind übernehmen, sondern zum mindesten einsehen, daß das Problem der sozialen Gerechtigkeit unendlich viel schwerer zu bewältigen ist, als dies der dialektische Materialismus vorgibt, der ein Paradies auf Erden verkündigt, mit dem er die Arbeiter betrügt.

Die moderne Fragestellung der sozialen Nöte lag Martin noch fern. Ihm stellte sich eine ganz persönliche Frage, und sein Versuch einer Überwindung der sozialen Kluft bewegte sich in jener Richtung, die Dostojewski andeutete. Als Staretz Sossima seine Gedanken über das Thema „Herren und Diener" entwickelte, schüttelten seine Zuhörer unwillig die Köpfe und meinten: „Wie, sollen wir denn unseren Diener auf dem Sofa Platz zu nehmen bitten und ihm den Tee servieren?" Staretz Sossima antwortete im Geiste Martins: „Ja, warum denn nicht, und sei es auch nur manchmal!" Natürlich lachten alle Teilnehmer der Gesellschaft, war doch die Frage ebenso leichtfertig gestellt, wie die Antwort unklar gegeben wurde. Martin aber hatte Jahrhunderte voraus nach dieser Einsicht gehandelt. Hätten die Christen sich seine Lebensweise zum Vorbild genommen, wäre es in der sozialen Frage nie zu jenen furchtbaren Exzessen gekommen, an denen unsere Gesellschaft zerbricht.

Wir glauben, daß nur das Christentum zur Lösung der sozialen Frage fähig ist, freilich nicht das bloße Taufscheinchristentum, dem keine tiefere Bedeutung zukommt. Einzig jenes lodernde Christentum ist dazu berufen, das nach den Worten des Johannes des Täufers handelt: „Wer zwei Röcke hat, der gebe dem, der keinen hat; und wer Speise hat, tue auch also" (Lk 3, 11). Der christliche Mensch, der zur Teilung mit dem Nächsten bereit ist, wie Martin mit dem Knecht, schafft nicht den utopischen Zukunftsstaat, aber er verwirklicht in seiner kleinen Umgebung das sich helfend auswirkende Teilungsprinzip. Das Evangelium besteht nicht in jener Harmlosigkeit, zu dem es viele gedankenlose Leute gemacht haben; es ist vielmehr eine gewaltige Geisteskraft, die allein die Fähigkeit in sich schließt, das Zusammenleben der Menschen in brüderlicher Gemeinschaft zu ordnen, indem es alle auf eine neue, gewaltlose Grundlage stellt, die von jener Liebe erfüllt ist, die senkrecht von oben in das christliche Dasein einbricht.

Die berühmte, aber wenig verstandene Szene

Martin war schon früh von Liebe und Güte zu den Armen erfüllt und half ihnen auch bei jeder möglichen Gelegenheit. Im Jahre 334 kam es dann zu jener bekannten „Szene der Wohltätigkeit", eine Begebenheit, die im Gedächtnis der Christen haften geblieben ist. Während eines außerordentlich kalten Winters begegnete Martin ganz unerwartet am Stadttor von Amiens einem halbnackten Bettler, der, beinahe erstarrt vor eisiger Kälte, die Vorübergehenden um Erbarmen anflehte. Doch keiner achtete seiner; sie alle gingen teilnahmslos an ihm vorüber, wie der Priester und Levit im Gleichnis vom barmherzigen Samariter. Der von der Welt verachtete Bettler ist eine bedeutsame Gestalt, über die sich die Christen gewöhnlich zu wenig Rechenschaft geben. Nun aber kam Martin daher und sah den Bettler; von einem Rößlein, wie schon ironisch bemerkt wurde, steht nichts im Text, wennschon es nahe liegt, bei einem Kavalleristen an ein Pferd zu denken – Martin war überzeugt davon, Gott habe absichtlich diese arme Kreatur für ihn aufbewahrt. Spontan griff er nach seiner Börse und stellte überrascht fest, daß sie leer war. Peinlich berührt davon, dem frierenden Bettler kein Almosen geben zu können, stand er still, zog kurz entschlossen sein Schwert und schnitt seinen Soldatenmantel mitten entzwei. Es war ein einzigartiger Schwertstreich, wie ihn kein anderer Soldat zuvor je getan hatte. Dann gab er die eine Hälfte dem Armen, und in die andere hüllte er sich ein. Es war eine impulsive Handlung, zu der ihn das Herz bewogen hatte und nicht der Verstand. Nach dem Bericht von Sulpicius Severus „fingen manche der Umstehenden an zu lachen, weil er im halben Mantel ihnen verunstaltet vorkam". Die Augenzeugen hatten offenbar nicht den Eindruck, einer großen Tat beigewohnt zu haben, schien ihnen doch das Geschehen eher lächerlich zu sein. Martin hatte sich mit seinem barmherzigen Tun dem öffentlichen Gespött ausgesetzt – das ist die wahre Wirklichkeit vor dem Stadttor von Amiens. An der historischen Stätte der Mantelteilung ist heute an einem profanen Gebäude eine Tafel angebracht; man war bei archäologischen Grabungen auf die Römerstraße gestoßen, die unmittelbar zum Stadttor geführt hatte. Damals hat die Tat Martins Gelächter hervorgerufen, und heute fragen die Menschen: „Warum gab er dem Bettler nur den halben Mantel?" Diese Frage allein schon ist ein Mißverständnis. Was Martin vor dem Tor von Amiens getan hat, darf niemals nur Gegenstand einer Diskussion sein, war es doch eine Tat der Barmherzigkeit. Auf sie allein kommt es an, und die endlosen Gespräche müssen wir denen überlassen, die gerne reden anstatt etwas tun. Doch ist damit die Geschichte von der Mantelteilung noch nicht zu Ende. Das Wichtigste kommt erst nachher, weshalb es mehr als bedauerlich ist, wenn man von Martin nicht mehr weiß, als daß er den Mantel entzweigeschnitten hat. In der folgenden Nacht hatte Martin eine Christus-Vision, die erste, die ihm zuteil geworden war. Sie erklärte und enthüllte ihm zugleich den tieferen Sinn der Begebenheit. Christus erschien ihm, und Martin wurde aufgefordert, ihn genau zu betrachten. Zu seinem großen Erstaunen sah er Christus mit jenem Mantel bekleidet, den er dem Bettler geschenkt hatte. Christus sprach zu seinen Engeln: „Martin, obwohl erst unterwegs zur Taufe, hat mich mit diesem Mantel bekleidet." War nun das Wort „erst unterwegs zur Taufe" Lob oder Tadel? In den Ohren Martins klang es wie ein Vorwurf. Er begriff aber sogleich, daß ihm in der Gestalt des Bettlers der verhüllte Christus entgegengetreten war. Er hatte die Hälfte des Mantels nicht dem Bettler, sondern Christus selbst gegeben. Der Herr selbst hatte zu seinen Lebzeiten gesagt: „Was immer ihr einem meiner Geringsten getan, habt ihr mir getan." Erkennt man bei der Mantelteilung nicht den Zusammenhang von Martin – Bettler – entblößter Christus, dann ist man an ihrer wahren Bedeutung achtlos vorbeigegangen. Bei aller christlichen Hilfe geht es in letzter Hinsicht um Christus; wird der Herr übersehen, sinkt alle Hilfeleistung zu einem bloß säkularisierten Tun herab. Echte Caritas ist Christus-Dienst und darf niemals getarnter Geschäftssinn sein. Man muß teilen und nochmals teilen, freiwillig und ohne jeden Zwang, anders ist das Problem der Armut nicht zu bewältigen. Zudem gilt es zu bedenken, daß die Mantelteilung am Anfang von Martins Laufbahn stand. Sie hatte damit erst begonnen. Martin aber zog die Konsequenz aus der Traum-Vision. Das Wort „erst unterwegs zur Taufe" wollte er nicht länger auf sich sitzen lassen. Damit war auch die lange Katechumenenzeit beendet, und er beeilte sich, an Ostern 334 das Sakrament der Taufe zu empfangen, wodurch der römische Soldat ein Christ geworden war.

20

Der erste Kriegsdienstverweigerer

Zunächst diente Martin im Heere weiter. Nach zwei Jahren ereignete sich etwas, das würdig an die Seite der Mantelteilung gestellt werden darf. Es ist nicht einzusehen, warum man immer nur die erste Begebenheit erwähnt und die zweite ebenso ungewöhnliche vertuscht. Kaiser Julian, der unter dem Namen „der Abtrünnige" in die Geschichte eingegangen ist, zog im heutigen Worms ein Heer zusammen, um gegen die Germanen zu ziehen. Er ließ Geschenke unter die Soldaten verteilen und hoffte, sie dadurch kampfesfreudiger zu stimmen. Jeder Soldat mußte vortreten und nahm seine Gabe aus des Kaisers Hand entgegen. Martin fand, die Annahme des Geschenkes schließe eine Verpflichtung in sich, der er nicht nachkommen könne, da er daran dachte, aus dem Heeresdienst auszuscheiden. Er entschloß sich deshalb, das Geschenk nicht anzunehmen, obschon ihm eine gute Karriere bevorstand. Für die andern Soldaten war seine Handlung ganz unbegreiflich, aber Martin hatte sich nie um das Gespött der Menschen gekümmert. Als die Reihe an ihn kam, trat er entschlossen vor den Kaiser. Martin wartete einen kurzen Augenblick, lehnte das Geschenk ab und sprach mit fester Stimme: „Bis heute habe ich dir gedient; gestatte nun, daß ich jetzt Gott diene. Dein Geschenk mag in Empfang nehmen, wer in die Schlacht ziehen will. Ich bin ein Soldat Christi, es ist mir nicht erlaubt, zu kämpfen." Auf diese Worte trat eine Stille ein, und eine große Spannung bemächtigte sich aller. Es ist zweifelhaft, ob in diesem dramatischen Augenblick alle Anwesenden die ganze Tragweite von Martins Worten verstanden haben. Eines aber war gewiß: Der „Soldat Christi", wie Martin sich selbst nannte, wollte auch fernerhin dienen und nicht herrschen. Er vertauschte den Soldatendienst mit dem Dienste Gottes.

Martins Tun war nichts Geringeres als eine Kriegsdienstverweigerung, ja, er war der erste Kriegsdienstverweigerer, den wir kennen. Eine Reihe von Fragen drängt sich auf: War Martin ein erbärmlicher Drückeberger? Dachte er an eine Subversion? War sein Verhalten wie ein häßlicher Flecken auf seinem weißen Mantel?

Die Kriegsdienstverweigerung ist weder mit Stillschweigen zu übergehen, noch sind die aufgeworfenen Fragen fehl am Platze. Die neue Heiligenschilderung ist von einer restlosen Ehrlichkeit erfüllt, die der Wahrheit dienen und nichts verbergen will. Darum gilt es auch, Martins Abschied vom Soldatenwesen offen zu erörtern, mag das Resultat für die alltägliche Auffassung noch so unbequem sein, dies hat uns nicht anzufechten. Echte Heiligenschilderung schließt immer aufsprengende Kräfte in sich und besteht nie in einer Bestätigung dessen, was wir schon immer gedacht haben.

Martin stand mit seiner Ablehnung des Militärdienstes nicht allein in der frühchristlichen Kirche. Auch Tertullian und Laktanz hielten ihn für unvereinbar mit dem Christsein, zumal er damals noch mit der Opferung an die Götter verbunden war. Auch abgesehen von der

Götterhuldigung schließt der Kriegsdienst für den Christen eine schwere Gewissensbelastung in sich, die unbegreiflicherweise meistens gar nicht empfunden wird. Aber das Gebot „Du sollst nicht töten" steht unmißverständlich vor den Augen der Christen und nicht weniger die Verpflichtung, für seine Heimat einzustehen. Daraus kann nur ein bedrückender Gewissenskonflikt hervorgehen, der nicht feige umgangen werden darf.

Kaiser Julian, der bei der bloßen Erwähnung des Namens Christi nervös zusammenzuckte, wurde wütend über die offene Weigerung Martins und bezichtigte ihn ungehemmt der unmännlichen Feigheit. Der unerschrockene Martin antwortete dem Kaiser jedoch ruhig: „Will man meinen Entschluß der Feigheit und nicht der Glaubenstreue zuschreiben, dann bin ich bereit, mich morgen ohne Waffen vor die Schlachtreihe zu stellen und im Namen des Herrn Jesus mit dem Zeichen des Kreuzes, ohne Schild und Helm, furchtlos die feindlichen Reihen zu durchbrechen." Das war eine glaubensstarke Antwort, nur zu vergleichen mit jener Szene, die sich zwölfhundert Jahre später in der gleichen Stadt Worms abspielte, wo der nach ihm benannte Martin Luther vor Kaiser und Reich eine ähnliche Widerstandskraft an den Tag legte. Wahrhaftig, Martin war kein Angsthase, er führte keine fadenscheinigen Gründe an, hinter denen ganz andere Motive steckten. Es war ihm bitter ernst, und zudem bewies er einen Mut und eine Kühnheit, wie sie wenige Menschen besitzen. Es war auch keine törichte Prahlerei von ihm, mußte er doch damit rechnen, daß Kaiser Julian ihn beim Wort nehmen würde. Am andern Tag erkauften sich die Feinde den Frieden, und es kam daher nicht zur Schlacht. Martin schied aus dem Heeresdienst aus. Ihm war ein anderer Dienst aufgetragen, der zwar nicht weniger gefahrvoll war wie das Soldatenhandwerk. Für Martin blieb das Leben ein Kampf. Davon gibt es keine Befreiung. Der christliche Lebenskampf dauert bis zum Tod eines Menschen. Sulpicius Severus schloß die Begebenheit mit den Worten ab: „So sieht der Sieg aus, den Christus seinen Soldaten gewährte: Unterwerfung der Feinde ohne Blutvergießen."

Das Problem des Kriegsdienstes dagegen bleibt bestehen. Es ist auch für den heutigen Menschen aktuell und ist ebenso schwer zu lösen wie die soziale Frage. Nach zwei Weltkriegen sehen wir diese Frage schärfer als frühere Geschlechter. Das Gerede vom gerechten Krieg und vom Verteidigungskrieg ist uns fragwürdig geworden, weil die Lügenpropaganda es mißbrauchte. Weder patriotische Begeisterung noch doktrinärer Pazifismus sind hier am Platze. Wie immer der Mensch in dieser Sache handeln mag, er wird schuldig, ob er nun dem Aufgebot entspricht oder sich ihm entzieht. Es gibt unlösbare Probleme – darin besteht doch die Tragik des Lebens. Nur Oberflächlichkeit kann dies bestreiten. Der Christ muß in dieser Zwickmühle nach seinem Gewissen entscheiden in Verantwortung vor Gott. Zum mindesten müßte er die unauflösbare Spannung zwischen Christentum und Militärdienst fühlen. Es geht nicht an, sie durch eine billige Phraseologie zu überspielen, vielmehr gilt es, sie in aller Schärfe während des ganzen Lebens auszuhalten.

Die entscheidenden Mannesjahre

Hast du Angst?

Nach der Entlassung aus dem Militärdienst ging Martin zu Hilarius, dem Bischof von Poitiers. Der gallo-römische Adelige war im Heidentum aufgewachsen und war durch die Lektüre des Johannesevangelium-Prologs erleuchtet worden: „Am Anfang war das Wort, und das Wort war bei Gott, und Gott war das Wort. In ihm war das Licht…" Als Christ kämpfte er erbittert gegen die arianische Häresie und rettete den nizäischen Glauben im Westreich. Hilarius war einer der wenigen Bischöfe, der auch die Kehrseite von Konstantins neuer Religionspolitik erkannte und warnend sagte: „Er schlägt uns nicht mit dem Schwert den Kopf ab, sondern mordet mit Geld die Seele. Er baut Kirchen – aber er baut den Glauben ab." Martin blieb einige Zeit bei diesem glaubenstreuen Hirten. Hilarius vermittelte ihm eine vertiefte Ausbildung im Christentum. Trotzdem weigerte sich Martin, die höheren Weihen zu empfangen. Er fühlte sich nicht würdig und ließ sich nur zum Exorzisten weihen. Eine Handschrift des zehnten Jahrhunderts sagt: „An dem Platze, an dem die beiden bewundernswerten Menschen einander das erste Mal begegneten, ist der Abdruck ihrer Füße im Boden erhalten geblieben." Diese Legende weist einen tiefen Sinngehalt auf: Hilarius' und Martins Schritte haben Gallien das Siegel aufgedrückt.

Martin hatte hernach das Bedürfnis, seine Eltern an der Donau zu besuchen. Er wollte den aufgebrachten Vater über sein Ausscheiden aus dem Militärdienst beschwichtigen und hoffte, beide Eltern für das Christentum zu gewinnen. Dies gelang ihm auch bei der Mutter, ein Ereignis, bei dem zwar nur für kurze Zeit ein weibliches Antlitz in die sonst vorwiegend von Männern bewegte Welt Martins hineinleuchtet. Der Vater dagegen wies in seinem Zorn über den „Fahnenflüchtigen" alle Versuche schroff zurück und verharrte bei seinen heidnischen Anschauungen. Der darin zum Austrag gekommene Generationenkonflikt blieb in voller Schärfe bestehen. Auch Martin vermochte nicht alles, dies muß bei dieser Gelegenheit ausdrücklich vermerkt werden. Die Heiligen waren nie Alles-Könner. Früher behauptete man solche Dinge, was stets zu schiefen Darstellungen der Boten Gottes führte.

Nach dem Besuch der Eltern trat er den Rückweg mit einer unangenehmen Vorahnung eines Kummers an. Tatsächlich verirrte er sich im Gebirge und fiel einer Räuberbande in die Hände. Sie fesselte ihn und plünderte ihn aus und wollte auch wissen, wer er sei. Martin gab den Straßenräubern die schlichte Antwort: „Ich bin Christ." Sie schleppten ihn in ihr Versteck, wo einer der Räubergesellen ihn geringschätzig fragte: „Hast du Angst?" Dies war naheliegend, ist es doch keine Kleinigkeit, als gefesselter Mensch inmitten einer ruchlosen Bande zu stehen. Martin erwiderte mit festem Bekennermut: „Ich habe mich nie so sicher gefühlt; ich weiß, daß Gottes Barmherzigkeit vor allem in Nöten und Bedrängnissen nahe ist." Dieses imponierende Verhalten beeindruckte sogar die Räuber. Man kann dieser mutigen Einstellung die Anerkennung nicht versagen, zumal Martin im weiteren Gespräch sagte, er habe Angst um sie, weil sie durch ihre räuberische Tätigkeit das ewige Heil verscherzten. Einer der Räuber wurde gläubig, die übrigen ließen Martin des Weges ziehen. Wie nahe sind sich doch die Menschen mit ihren Problemen, trotz der Jahrhunderte, die sie voneinander scheiden. Wir sind durch einen Zeitraum von sechzehnhundert Jahren von Martin getrennt und stehen gleichwohl immer wieder vor der gleichen Frage: „Hast du Angst?" Martin hat diese Frage entschieden verneint. Was tut der heutige Mensch? Wird er nicht von der Angst gepeinigt? Er hat Angst vor der Krise, vor der Zukunft, vor der Atombombe. Man könnte weiterfahren und würde nicht fertig. Wer mit einem Menschen ein eingehenderes Gespräch führt, spürt die in ihm vorhandene Angst, selbst wenn er sie zunächst nicht zugeben will. Man darf ihn deswegen nicht verachten, ist doch die Angst ein Urproblem und als solches mit der menschlichen Existenz unlösbar verbunden. Auch der Herr kannte die Angst im Garten von Gethsemane. Der Mensch der Gegenwart wird von der Angst förmlich geschüttelt. Was tut er dagegen? Er rennt zum Psychiater und sucht Hilfe bei einem indischen Guru, der von Yoga und Meditation redet. Martin antwortete auf die Frage nach der Angst mit dem Hinweis auf Gottes Barmherzigkeit, die in Gefahr besonders nahe sei. In Wirklichkeit kann das Angstproblem nur religiös bewältigt werden, womit nicht hohle Behauptungen oder frömmelnde Worte gemeint sind. Johannes schreibt: „Angst ist nicht in der Liebe, sondern die vollkommene Liebe treibt die Angst aus, denn die Angst hat Pein; wer sich aber ängstigt, ist nicht zur Vollkommenheit in der Liebe gelangt." Über diese Worte läßt sich nicht genug nachdenken. Sie sind wegweisend für eine Überwindung der Lebens- und Todesangst. Doch gelingt die Beseitigung der Angst nicht von einem Tag zum andern. Sie muß im Glauben geübt werden, bis sich der Mensch inmitten schwerster Bedrängnisse von einer höheren Hand gehalten weiß. Diese Geborgenheit in Gott war Martins existentielle Erfahrung. Er hat sie in unheimlicher Situation erfahren, und deshalb klingt seine Antwort an den Räuber in unseren Ohren nach. Wir fühlen uns geradezu aufgerufen, von der lähmenden Angst zur Geborgenheit in Gott hindurchzubrechen, was nur durch den Glauben möglich ist. Eine andere Lösung gibt es für den Christen nicht.

Die öffentliche Auspeitschung

Zu jener Zeit, da die Christen im Wohlleben zu versinken drohten, breitete sich der Arianismus aus. Seine Lehre läuft auf eine Mißachtung des tiefsten Geheimnisses des Christentums hinaus. Es war ein Frührationalismus, der das Christentum der Auffassung des gesunden Menschenverstandes anpaßte. Dies hatte Martin schon als Soldat begriffen, damals, als er in Trier dem dort in der Verbannung lebenden Athanasius begegnete, der einer der großen Widerstandskämpfer der damaligen Zeit war.

In Oberitalien trat Martin dem Arianismus entgegen und kam deswegen mit den dortigen, arianisch gesinnten Bischöfen in Konflikt. Der „treulose Bischof", wie sich Sulpicius Severus ausdrückte, ergriff Martin und ließ ihn öffentlich von sechs Soldaten auspeitschen. Die Soldaten schlugen ihn vierzigmal mit Riemen, an deren Ende Bleikugeln befestigt waren. Das Blut floß in Strömen herab. Mit der grausamen Exekution war eine öffentliche Schande verbunden: vor den Augen aller Menschen nackt dazustehen und die schmerzhaften Schläge auszuhalten. An einem römischen Bürger durfte sie nicht vollzogen werden. In Rußland wurde das Spießrutenlaufen bis ins neunzehnte Jahrhundert vollstreckt. Die heutigen Foltermethoden unterscheiden sich nur dadurch, daß sie nicht mehr öffentlich, sondern in den Kellern vollzogen werden. Bei Martins Auspeitschung denkt man unwillkürlich an das Prophetenwort: „Ich hielt meinen Rücken dar denen, die mich schlugen, und meine Wangen denen, die mich rauften. Mein Angesicht verbarg ich nicht vor Schmach und Speichel."

Die Auspeitschung zeigt, zu welchen Mitteln das Christentum griff, kaum hatte es die staatliche Anerkennung erlangt. Paulus wurde widerrechtlich ausgepeitscht – er hat es ertragen und schlug nicht zurück. Christen müßten einander freimütig sagen, wenn sie in religiösen Fragen verschieden denken. Aber es müßte in Liebe geschehen. Leider vergaßen dies die Christen, nachdem sie zur Macht gelangt waren, und gedachten nicht einmal mehr der eigenen Leiden, die sie als verfolgte Minderheit zu ertragen gehabt hatten. Im Gegenteil, flugs wandten sie die gleichen Gewaltmethoden gegen Andersdenkende an. Martin hat dies am eigenen Leibe erfahren, hat für seinen Glauben gelitten und hat an der Schmach Christi Anteil gehabt. Deswegen darf die schmähliche Auspeitschungsszene nicht stillschweigend übergangen werden. Er gehörte zu den Bekennern der Christenheit. Confessor ist kein bloßer Titel – in diesem Wort ist eine stets gültige Aufforderung enthalten.

Es schleicht sich heute ein Neo-Arianismus in der Form einer zweiten Aufklärung in die Reihen der Christen ein. Seine Träger mögen von keiner schlechten Gesinnung erfüllt sein, seine Wirksamkeit aber läuft auf eine fatale Schwächung des Christentums hinaus. Mit irgendeiner Verharmlosung ist uns in einer Zeit nicht gedient, in der sich alle Christen in einer Art Diaspora gegenüber dem modernen Heidentum befinden. Wir bedürfen mutiger Bekenner, Menschen, die die innere Freiheit und Tapferkeit besitzen, sich dem auflösenden Zeitgeist entgegenzustellen. Das Heute ist hilflos gegenüber den übermächtig eindringenden Problemen, und wenn sich die Christen dem Zeitstrom bereitwillig anpassen, dann sind sie nur zu bald ebenso hilflos, und es ist um ihre Aufgabe geschehen, das Salz der Erde zu sein. Widerspruch und Widerstand gegen die Zeit ist geboten, und das damit verbundene Verkennungs-Schicksal hat der Confessor entschlossen auf sich zu nehmen, wie dies Martin in aller Schlichtheit der Christenheit vorgelebt hat. Jede Anpassung an eine modische Zeitströmung ist mit einem lebendigen Verhältnis zu Martin schlechterdings unvereinbar. Das muß ganz deutlich gesagt werden, damit es auch den geistig Schwerhörigen bewußt wird.

Einsames Leben

Nachdem Martin öffentlich ausgepeitscht worden war, zog er sich auf die Gallinaria-Insel zurück, die dem Golf von Genua vorgelagert ist und heute den Namen Isola d'Albengo trägt. Dort begann er auf eine Art das Ideal der Wüstenväter zu verwirklichen, das ihm in seiner Jugend vor Augen geschwebt hatte. Sein Verlangen nach Einsamkeit fand eine erste Erfüllung. Äußerst bedürfnislos wie er war, lebte er von Kräuterwurzeln. Die Inseln in Europa ersetzten damals die Wüste, in die sich die Mönche im vorderen Orient zurückzogen. Martin war der Kräuter unkundig, aß vom bitteren Heleborus niger, dessen Blüten bei uns Christrosen genannt werden, und erlitt darob eine schwere Vergiftung, die ihn an den Rand des Grabes brachte. Die ganze Zeit, die er auf der unbewohnten Insel verbrachte, war dem Gebet gewidmet. Sulpicius Severus berichtet über Martins Gebetsleben: „Wie ein Schmied bei seiner Arbeit immer wieder den Hammer zu seiner Erleichterung auf den Amboß fallen läßt, so betete Martinus ohne Unterbrechung, auch wenn er anscheinend etwas anderes tat." In der Tat war sein ganzes Leben ein einziges Gebet.

Bedeutsamer als die Erkrankung auf der Gallinaria-Insel scheint mir Martins Bedürfnis nach Einsamkeit zu sein. Zwar begleitete ihn ein Priester, sonst aber war dort kein Mensch zu sehen. Martin war allein mit seinem Begleiter. Dieses Alleinsein hatte er offenkundig nötig. In den alten Biographien liest man immer wieder, daß ihre Helden in der Einsamkeit sangen. Sie fürchteten sich nicht vor der Vereinsamung und bewerteten dieses Verlangen nach Einsamkeit nicht als Kontaktschwierigkeiten. Das ist das moderne Mißverständnis, das nichts mehr davon weiß, daß man einsam für alle sein kann und es ein Alleinsein mit dem Alleinigen gibt, das schöner ist als alle lärmige Geselligkeit. Die Einsamkeit gehört zum christlichen Menschen. Er muß von Zeit zu Zeit allein mit sich selbst sein, soll ihn die moderne Hetze nicht verschlingen und er seinen Aufgaben gewachsen sein. Die im Gebet verbrachte Einsamkeit ist durchaus positiv zu bewerten. Sie allein vermittelt dem Menschen die notwendige Stille und Besinnung. Martin wäre wahrscheinlich ohne seinen Aufenthalt auf der Gallinaria-Insel nicht fähig gewesen, das große Werk seines Lebens zu vollbringen. Die Einsamkeit auf der Insel war die Voraussetzung dazu, vermittelte sie ihm doch die nötige Kraft dafür.

Eine rohgezimmerte Zelle

Auf der Insel erfuhr Martin, der Kaiser habe dem verbannten Hilarius die Rückkehr nach Poitiers gestattet. Nun machte er sich sofort auf, um Hilarius in Rom zu besuchen. Dieser war aber schon abgereist, weshalb Martin ihm nach Poitiers nachfolgte, wo Hilarius ihn liebevoll aufnahm.

Um nicht auf die ihm liebgewordene Einsamkeit verzichten zu müssen, baute sich Martin in Ligugé bei Poitiers eine Zelle. Der Raum war nicht gemütlich, jedenfalls darf er nicht mit Dürers Stich „Hieronymus in der Zelle" verglichen werden. Ausdrücklich wird „die rohgezimmerte Zelle" hervorgehoben. Martin war nicht von einer trauten Häuslichkeit abhängig, war er doch ein Asket und strebte keineswegs nach einer komfortablen Wohnung. Er schlief auf dem bloßen Boden und deckte sich mit einer härenen Decke zu. Aber es war ihm kein ruhiges und beschauliches Einsiedlerleben beschieden. So einfach und notdürftig die Zelle eingerichtet war, gerade daraus sollte etwas Großes hervorgehen. Ein Kloster kann Ligugé nur mit Einschränkung genannt werden; es war eher eine Einsiedelei, von der sich nur ganz dürftige Ruinen erhalten haben. Hier aber lebte Martin „die christliche Philosophie", wie man damals das mönchische Leben zu umschreiben pflegte, und wurde schließlich zum Patriarchen der Mönche von Gallien.

Bald schloß sich ihm ein Katechumene an und hernach noch weitere Männer. Ohne sein Zutun kam es schließlich zur Bildung des Klosters Ligugé. Es war das erste Kloster auf gallischem Boden. Martins Stiftung darf nicht mit Augustins Kloster in Hippo oder gar mit Benedikts Gründung auf dem Monte Cassino in Parallele gesetzt werden. Sie war noch weit entfernt von der „Zeit der großen Klöster". Martin aber hatte den ersten Anfang gemacht. Wollte man sich die Einsiedelei von Ligugé konkret veranschaulichen, müßte man sich zum Vergleich das entstehende Mönchtum in Ägypten vorstellen. Damals waren die Eremiten von einem keineswegs gering zu achtenden asketischen Gebetseifer erfüllt. Wenn bei den Mönchen das Gebetsleben vernachlässigt wird und in den Hintergrund tritt, treibt ihre Gemeinschaftsform dem Verfall entgegen, eine Beobachtung, die sich durch die ganze Mönchsgeschichte verfolgen läßt. Es gibt von dieser Regel keine Ausnahme. Die Einsiedler von Ligugé gaben den verweichlichten Menschen des untergehenden Römischen Reiches das Beispiel, durch freiwillige Entbehrung einen neuen Anfang zu machen.

Es ist nicht bekannt, nach welcher Regel die Mönche gelebt haben. Wahrscheinlich gab Martin Anweisungen, und war seine Person ihnen Norm. Nach ihm richteten die Brüder sich aus. Wohl war alles eher primitiv, jedenfalls darf man keine zu hohen Vorstellungen damit verbinden. Die Primitivität ist jedoch kein ernsthafter Einwand gegen Martins Gründung. Martin war der Stifter der monastischen Lebensweise im Abendland, was allein schon von hoher Bedeutung ist. In Poitiers ist Martins innere Entwicklung in eine neue Phase eingetreten; er ist nicht mehr der Einsiedler der Gallinaria-Insel, der dem anachoretischen Wüstenideal nachstrebte, sondern das zönobitische Ideal wurde ihm wegweisend, und er erkannte, daß das Kloster eine Gemeinschaft, eine klösterliche Familie bilden muß.

Das Kloster überlebte seinen Gründer um Jahrhunderte. Noch im achten Jahrhundert stand es da wie zu seinen Lebzeiten. Später kam es in den Besitz der Benediktiner, die während des ganzen Mittelalters dort wohnten. Im siebzehnten Jahrhundert ließen sich in Ligugé die Jesuiten nieder, und erst im Jahre 1880 bereitete die Aufhebung dem Kloster ein Ende. Gregor von Tours hat Martins Klostergründung dahin zusammengefaßt: „Doch nun ging unsere strahlende Sonne auf, und Gallien erlebte, wie sich über ihm der Schleier eines neuen Lichtes erhob." Die Formulierung trifft den Nagel auf den Kopf. Das unscheinbare Klösterchen glich einer aufgehenden Sonne, und die Finsternis Galliens wurde vom Licht des Evangeliums erhellt. Von jener Zeit an waren die Klöster die Heimstätten des Christentums. Ihre Mönche machten das Land urbar, gründeten Schulen und formten die heranwachsende Generation.

Die Ausstrahlung der Klöster kann nicht hoch genug bewertet werden. Mochte es darunter auch Versager gegeben haben, das ändert nichts an ihrer wohltätigen Wirksamkeit. Das Christentum hätte ohne die Klöster nie diese Ausbreitung erfahren. Die Mönche studierten die Heilige Schrift und auch die freien Künste; sie waren gottesdienstlich gesinnt und kulturell interessiert. Bei aller irdischen Arbeit waren sie von einer wirklichen Sehnsucht nach dem Himmel erfüllt. Das Mönchtum stand früh im Geruch der Heiligkeit, eine Verehrung, die auch Martin zu spüren bekam. Sulpicius Severus hat den tieferen Sinn in den einen Satz zusammengefaßt: „Martin zeigte in seiner eigenen Person Christus." Größeres kann von einem Menschen nicht mehr gesagt werden. In dieser kurzen Bemerkung verwandelt sich unsere Verehrung für Martin in ein Staunen, nein, in eine glühende Liebe zu dem zeitlosen Heiligen, der gleich einem schimmernden Stern in unsere dunkle Nacht hineinleuchtet.

Bischof wider Willen

Das asketische Leben Martins und seiner Brüder machte auf die Umgebung großen Eindruck. Martin lehrte nicht nur, wie man ein christliches Leben führt, er lebte es auch täglich. Eine beispielhafte Haltung verfehlt nie ihre Wirkung auf die Mitmenschen.

Im Jahre 371 mußte der bischöfliche Stuhl von Tours neu besetzt werden. Damals bestanden noch nicht jene gesetzlichen Bestimmungen, wie sie heute festgelegt sind. Die Wahl lag in den Händen der benachbarten Bischöfe, und das Volk stimmte zu. Aus diesem Grunde zog das gläubige Volk in Scharen nach Tours, wo Spannung und Erregung sich der vielen Menschen bemächtigte. Das Volk hegte durchaus den Wunsch, Martin möge zum Bischof erkoren werden.

Diesem Wunsch traten etliche Bischöfe entgegen. Zum zweiten Male im Leben Martins lehnte der Klerus ihn ab. Das erste Mal war es in Mailand, als der arianisch gesinnte Bischof ihn öffentlich auspeitschen ließ. Jetzt traten die rechtgläubigen Bischöfe ihm mit seltsamen Argumenten entgegen, sagten, Martin sei eine verächtliche Persönlichkeit und der bischöflichen Würde nicht wert. Die Ablehnung begründeten sie mit seinem unansehnlichen Äußeren, seiner armseligen Kleidung und seinen ungepflegten Haaren. Nach ihrer Meinung müßte der Bischof eine repräsentative Persönlichkeit sein, ein Mensch, der durch würdevolles Auftreten zu imponieren vermag. Gewiß war dieser Maßstab falsch, obwohl er schon früh in der Kirche angewendet worden ist. Bei einer Bischofswahl sollten stets innere und nicht äußere Gründe ausschlaggebend sein, ist doch die pastorale Auswirkung entscheidend. Die farbige Pracht macht wohl im ersten Augenblick Eindruck, steht aber dahinter keine innere Autorität, wirkt sie wie ein tönend Erz und eine klingende Schelle. Prunk, der nach außen entfaltet wird, ist ein gefährliches Mittel, denn allzugerne lenkt er vom Wesentlichen ab und wird Selbstzweck. Die religiös-geistigen Führungsqualitäten müssen unbedingt den Ausschlag geben. Das Glockengeläute beim Einzug, so gut wie Mitra und Stab, sind freundliche Umrahmungen, garantieren aber noch nicht die leitende Gestalt, die den Kurs zu bestimmen hat. Der Einwand der damaligen Bischöfe ist nur insofern wichtig, als er eindeutig bezeugt: Martin gehörte nicht zu den schönen Männern. Er besaß keinen interessanten Kopf, und seine Gestalt war nicht stattlich. Von „unansehnlich" war sogar die Rede. Er unterstrich seine Unscheinbarkeit noch durch ungepflegtes Haar und nachlässige Kleidung. Äußerlich sah man Martin seine Geistesgröße nicht an; man konnte ihn ganz gut übersehen.

Der Heilige selbst war über den Vorschlag des Volkes zutiefst erschrocken. Der Mönch hatte nicht das Bedürfnis, an der Spitze zu stehen, und war alles andere als ein ehrgeiziger Streber. Im Gegenteil, sein Denken war auf Verborgenheit gerichtet, und demzufolge sann er sofort darüber nach, wie er sich der Wahl entziehen könne. Entsetzt sagte er: „Ich? Bischof?" Sein ganzes Wesen sträubte sich dagegen, und im selben Augenblick wurde er nicht mehr gesehen. Niemand wußte, wo er hingegangen war. Nach einer alten Legende brauchte man nicht lange zu suchen, denn es erhob sich ein lautes Geschnatter der Gänse in einem benachbarten Stall. Man schaute nach und fand Martin im Gänsestall verborgen. Die Gänse hatten ihn verraten. Noch heute wird im November die Martinsgans gegessen, die ihren Namen nach dieser Legende erhalten hat. Die Flucht nützte Martin allerdings nicht, denn nachdem man ihn in seinem Versteck aufgestöbert hatte, wurde er vom Volk auf den Platz geholt. Die Menschen riefen voller Begeisterung: „Martin sei unser Bischof!", und ein Mann aus dem Volke schrie die Psalmworte in die Menge: „Aus dem Munde von Kindern und Säuglingen hast du das Lob bereitet." Die Kleriker waren machtlos, und Martin selbst mußte nachgeben. Er wurde zum Bischof gewählt, wenn auch wider seinen Willen. Dies ist nicht zu bedauern. Man mag sich fragen, ob es mit den öffentlichen Ämtern besser bestellt ist, wenn die Träger sich selbst in den Vordergrund drängen. Ehrgeizlinge tun dies meistens,

Menschen, die gewöhnlich die nötigen Fähigkeiten nicht besitzen. Das Amt muß den Mann suchen und nicht der Mann das Amt. Gegen die Neigung, aber mit den Fähigkeiten muß ein Mensch gewählt werden.

Martin stellte eine Bedingung: er wollte auch als Bischof seine mönchische Lebensweise beibehalten; er dachte nicht daran, seine Gewohnheiten zu ändern. „Dieselbe Demut wohnte in seinem Herzen, dieselbe Ärmlichkeit zeigte er in seiner Kleidung", schrieb Sulpicius Severus. Wie bis anhin wohnte er in seiner Zelle, die an die Kirche angebaut war.

Doch vermochte er die allzuvielen Besucher nicht zu ertragen, weswegen er sechs Kilometer außerhalb der Stadt Tours, auf der anderen Seite der Loire, das Kloster Marmoutiers erbaute. Nach Sulpicius Severus' Beschreibung war der „Ort so verborgen und abgelegen, daß es den Heiligen nicht nach der Einsamkeit der Wüste verlangte. Auf der einen Seite war der Ort abgeschlossen von einer hohen, jähen Felswand; die freibleibende Ebene umgrenzte die Loire mit einer kleinen Krümmung; nur auf einem, dazu noch recht engem Wege konnte man dorthin gelangen. Martinus hatte eine rohgezimmerte Zelle, ebenso auch viele seiner Brüder. Manche hatten den Fels des überhängenden Berges ausgehöhlt und sich so eine Wohnstätte geschaffen. Es waren ihrer gegen achtzig Jünger. Diese suchten sich nach dem Vorbild des heiligen Meisters zu bilden. Keiner besaß dort Eigentum, alles war Gemeingut. Keiner durfte etwas kaufen oder verkaufen, wie dies bei den Mönchen vielfach üblich ist. Handarbeit wurde nicht betrieben, das Bücherschreiben ausgenommen; für dieses Geschäft wurden jedoch nur die Jüngeren verwendet, die Älteren lagen ausschließlich dem Gebete ob. Selten verließ einer seine Zelle, es sei denn, man ging gemeinschaftlich zum Gotteshaus. Ihre Mahlzeit nahmen sie zusammen erst nach der Stunde des Fastens. Alle enthielten sich des Weines, außer wenn Krankheit es anders verlangte. Die meisten trugen ein Gewand aus Kamelhaaren; feinere Kleider zu tragen galt dort als Vergehen. Diese Strenge ist um so bewundernswerter, als viele Vornehme unter ihnen waren; obwohl ganz anders erzogen, hatten sich diese freiwillig zu jener Übung der Demut und Geduld verpflichtet."

Der Bischofmönch blieb der einfache Mensch. Er faßte sein Amt als eine Pflicht auf, der er gewissenhaft nachkam. Auch im Gottesdienst saß er nicht auf einem kostbaren Sessel, sondern begnügte sich mit einem einfachen Hocker. Die spartanische Lebensweise war ihm ein Bedürfnis, ja, er fand, man könne sie vom Christentum gar nicht trennen. Darum ist der Hocker ein Zeichen seines vorbildlichen Hirtenamtes, das auf Einfachheit ausgerichtet war. Nur von einem schlichten Lebensstil geht eine ausstrahlende Kraft aus, während hohe Ansprüche unfehlbar abstoßend wirken. Diese Wahrheit gilt heute so gut wie damals.

Während der gottesdienstlichen Funktionen war er als Bischof erkenntlich, sonst trug er stets das dunkle, härene Mönchsgewand. Leider kann man sich von seiner bischöflichen Wirksamkeit nur ein unvollkommenes Bild machen. Vor allem wissen wir nicht, wie er zu seiner Gemeinde sprach. Es sind nur wenige Sätze überliefert, doch aus ihnen geht hervor, daß er klar und eindringlich zu sprechen verstand und daß ihm die Gabe verliehen war, die schwierigen Fragen des Lebens zu beantworten. Einmal sah er einen jämmerlich frierenden Kuhhirten, der mit einem armseligen Bocksfell bekleidet war. „Sehet", sprach Martin, „Adam aus dem Paradies vertrieben, mit einem Tierfell bedeckt, muß er die Herden hüten. Diesen Adam wollen wir ausziehen und den neuen anziehen, einen anderen, als ihn dieser Mensch versinnbildet."

Das Neue Testament enthält über das Bischofsamt bedeutsame Ausführungen, an die man heute erinnern müßte. Paulus schreibt im ersten Brief an Timotheus: „Es soll aber ein Bischof unsträflich sein, eines Weibes Mann, nüchtern, mäßig, sittig, gastfrei, lehrhaft. Nicht ein Weinsäufer, nicht pochen, nicht unehrliche Hantierung treiben, sondern gelinde, nicht haderhaftig, nicht geizig, der seinem eignen Hause wohl vorstehe, der gehorsame Kinder habe, mit aller Ehrbarkeit. So aber jemand seinem eignen Hause nicht weiß vorzustehen, wie wird er die Gemeine Gottes versorgen? Nicht ein Neuling, auf daß er sich nicht aufblase und ins Urteil des Lästerers falle. Er muß aber auch ein gut Zeugnis haben von denen, die draußen sind, auf daß er nicht falle dem Lästerer in die Schmach und Strick." Als Vorsteher darf der Bischof die Gemeinden nicht nur an Festtagen zu sehen bekommen, sondern er muß auch an ihrem alltäglichen Leben Anteil nehmen. Wir singen nicht blind den Lobpreis des Bischofsamtes – „des Engels der Gemeinde" –, sondern sehen darin die Notwendigkeit und die schwere Aufgabe, ein Mann zu sein, der weiß, was er will, und der auch kann, was er sagt.

Die gegenwärtige Kirche steckt in einer Glaubenskrise und auch in einer schweren Führungskrise, weil viele Bischöfe zu Verwaltungsmännern herabgesunken sind und keine Zeit mehr haben, wirliche Hirten ihrer Herde zu sein. Unsere Zeit verlangt nach Bischöfen, die sich nicht vor dem Beschuß durch die Massenmedien fürchten, sondern mutig festbleiben, ohne starr zu sein. Obwohl die Zeichnung von Martins Bischofsamt nicht ausführlich ist, kann sie trotzdem als Bischofsspiegel benutzt werden. Derartige „Spiegel" gab es früher viele; sie sind auch heute notwendig. Der Mensch braucht einen Spiegel, darin er sich selbst sieht, und noch mehr bedarf er eines geistigen Spiegels, der ihm sagt, wie er sein sollte, was er noch nicht ist, aber was er mit Hilfe des Geistes werden kann.

Was dem Verstand nicht verständlich ist

Wennschon Martin ein Bischof wider Willen war, nahm er es mit seinen Hirtenpflichten sehr ernst. Zwar war er kein gelehrter Theologe, wie es Ambrosius und Augustin waren. Nie wird von seinen Studien berichtet, und er beteiligte sich auch nicht an theologischen

Streitfragen, die ohnehin in ihrer gelehrten Struktur wenig fruchtbar sind. Theologie darf nicht dem Christentum gleichgesetzt werden. Das eine ist ein wissenschaftliches Gebilde, das zweite in aller Unvollkommenheit das Streben nach einer christlichen Lebensweise – zwei grundverschiedene Dinge. Es kommt auf das intensive Frömmigkeitsleben an, und dies allein verschaffte Martin, trotz seiner unansehnlichen Kleidung, bei seinen Zeitgenossen das ungewöhnliche Ansehen. Dies spürt man aus jeder Zeile von Sulpicius Severus' Darstellung. Wenn man sich fragt, worauf der außerordentliche Eindruck beruhte, stößt man auf die Antwort: Er war der Mann, der Wunder wirkte.

Die alte Lebensbeschreibung erwähnt viele Wunder. Eines davon geschah gleich nach seiner Klostergründung. Während seiner Abwesenheit starb der Katechumene, der sich zu ihm gesellt hatte. Er war ohne Taufempfang aus dem Leben geschieden. Betrübt darüber, umstanden die Brüder trauernd seine Bahre, als Martin unerwartet zurückkam. Er gebot den Brüdern, den Raum zu verlassen und verriegelte selbst die Türe. Dann legte er sich nach dem Vorbild des alttestamentlichen Elias auf den Verstorbenen und betete. Während des Gebetes spürte er die Wunderkraft Gottes auf ihn überströmen, und nach ungefähr zwei Stunden gab der Tote wieder Lebenszeichen von sich. Die draußenstehenden Brüder begehrten Einlaß. „Welch ein Wunder! Sie erblickten den am Leben, den sie als Leiche verlassen hatten."

Es war nicht das einzige Wunder, das aus dem Leben Martins berichtet wird. Er hat auch einen Gehängten zum Leben zurückgerufen. „Die Gnade der Krankenheilung besaß er in so hohem Grad, daß kaum ein Kranker zu ihm kam, ohne sofort die Gesundheit wiederzuerlangen." Auf einer Reise nach Paris begegnete Martin beim Eintritt in die Stadt einem Aussätzigen, der einen bejammernswerten Anblick bot. Martin segnete und küßte ihn zum Entsetzen aller Anwesenden – der Kranke aber wurde sofort gesund und kam tags darauf mit glänzend weißer Haut zur Kirche, um für seine Genesung zu danken.

Martin setzte seine Reise nach Chartres fort. Dort trat ihm ein Mann entgegen, der an der Hand ein zwölfjähriges Mädchen führte. Es war von Geburt an stumm. Er sprach Martin mit den Worten an: „Freund Gottes! Bis heute habe ich noch nicht die Stimme meines Kindes vernommen!" Martin legte ein wenig Öl auf die Zungenspitze des Mädchens, segnete es und fragte freundlich nach dem Namen seines Vaters. Zur Verwunderung aller antwortete das stumme Mädchen; der Mann aber umarmte voller Dankbarkeit die Knie Martins.

Martin hat nicht nur Kranke geheilt und Tote auferweckt, er gebot auch den Elementen der Natur. Bei einer Feuersbrunst stieg er auf das Dach eines Hauses und stellte sich den heranzüngelnden Flammen entgegen. „Da konnte man sehen, wie das Feuer wunderbarerweise den Anschein erweckte, als lägen die Elemente miteinander im Kampf. So wütete das Feuer durch die Wunderkraft des Martinus nur da, wo er es haben wollte."

Die Kraft Martins erstreckte sich auch auf die Tierwelt, worüber verschiedene Anekdoten überliefert werden. Auf einer Visitationsreise traf er einige Jäger an, deren Hunde einen Hasen verfolgten. Das Tierlein hatte nur noch einen kleinen Vorsprung und nirgends bot sich ihm ein Schlupfwinkel. Jeden Augenblick drohten die Hunde dem armen Häslein den Garaus zu machen. Diese Situation ging Martin sehr zu Herzen, weshalb „er den Hunden befahl, von der Verfolgung abzustehen und das flüchtende Tier entkommen zu lassen. Das erste Wort brachte sie sofort zum Stehen, als hätte man sie festgebunden, ja als hafteten sie vielmehr wie angewurzelt an ihrem Platze." Die Geschichte mit dem verfolgten Häschen zeigt die große Menschlichkeit Martins, dieses Heiligen, der so rücksichtslos gegen die heidnischen Gebräuche in seiner Diözese vorgegangen ist. Vergegenwärtigt man sich diese beiden Begebenheiten, so wird dem heutigen Menschen die Spannweite bewußt, über die dieser außerordentliche Mann verfügte.

Ebenso stark spürt man sein mitfühlendes Herz, wenn man weiß, daß er den Tauchvögeln befahl, nicht mehr auf die Fische Jagd zu machen, sondern sich in öde Landstriche zurückzuziehen. Sie sind darauf tatsächlich in die Berge geflogen. Schon Martin und später auch Franz von Assisi fühlten sich mit der Kreatur verbunden, ein Wesensmerkmal, das man bei vielen Heiligen feststellt und über das man gewöhnlich viel zu rasch hinweggleitet.

Einmal gebot er einer im Wasser auf ihn zuschwimmenden Schlange, an das andere Ufer umzukehren. Das Tier hatte ihm sofort gehorcht. Während seine Begleiter den Vorgang beobachteten und darüber staunten, seufzte Martin tief und sagte: „Die Schlangen hören auf mich, die Menschen aber nicht." Auf diese Weise hat Martin seine Zeitgenossen erlebt. Wohl spendeten sie ihm Beifall, aber sie befolgten seine Richtlinien nicht. Wann haben dies die Christen bei einem führenden Manne überhaupt getan? Er mußte zuvor sterben, ehe sie die Richtigkeit seiner Wegweisungen erkannten. Es ist eine Bestätigung des Christus-Wortes: „Wehe euch, die ihr den toten Propheten Gräber baut und die lebenden tötet."

Dabei war Martin selbst alles andere als ein unkritischer Mann, der sich mit frommklingenden Aussagen zufrieden gab. Sulpicius Severus hebt hervor: „Martin schenkte aber nicht leichthin unerwiesenen Behauptungen Glauben." Unweit seines Klosters wurde eine Grabstätte von Märtyrern als Heiligtum verehrt. Der Bischof verlangte genaue Angaben über Namen und Daten der Märtyrer, wozu die alten Kleriker nicht imstande waren. Zunächst hielt sich Martin fern, ging dann aber später einmal hin und bat den Herrn um Aufschluß in dieser Angelegenheit. Plötzlich sah er neben sich „schmutzige Schatten mit drohender Gebärde", worauf er dem Schatten befahl, seinen Namen zu nennen. Dieser nannte seinen Namen und gestand, ein Räuber gewesen und an dieser Stätte hingerichtet worden zu sein. Das Volk verehre ihn irrigerweise als Heiligen. Darauf ließ Martin den Altar wegschaffen. „Auf diese Weise befreite er das Volk von jener irrigen, abergläubischen Verehrung."

Martin besaß auch die Gabe der Prophezeiung. Er sah kommende Dinge voraus, und Sulpicius Severus versäumte nicht, hierüber einige Beispiele anzuführen. Der Bischof wurde vom

Kaiser als Berater beigezogen. Der Heilige weissagte dem Kaiser Maximus, „falls er, wie es sein Plan war, nach Italien ziehe, um Kaiser Valentinian zu bekämpfen, werde er beim ersten Angriff zwar siegen, dann aber bald umkommen. Wir erlebten, daß es so kam", vermerkte der Berichterstatter.

Alle diese Worte und Taten brachten Martin in den Ruf eines unfaßlichen Wundertäters. Die Mitmenschen staunten darüber und vermochten sich sein Tun unmöglich zu erklären, überschritt es doch bei weitem ihr Fassungsvermögen. „Wollte man die Wunder aus Martins Leben irgendwie wegdeuten, so bliebe eine Gestalt übrig, von der man nicht mehr begriffe, wieso sie dann in die Geschichte gekommen sei, und es wäre nichts anderes, als wenn man von Mozart die Musik wegnähme." Martin selbst sagte, daß er nicht würdig sei, daß Gott durch ihn Wunder wirke. Der Heilige fühlte und verstand sich selbst als Werkzeug Gottes. Geradezu schmerzlich wurde es ihm bewußt, „daß ihm während seiner bischöflichen Amtsverwaltung keineswegs die gleiche Wunderkraft zu Gebote gestanden sei, über die er früher seiner Erinnerung nach verfügen konnte". Später aber kehrte sie wieder, und die Menschen haben gespürt, daß in ihm die Kraft Christi wirkte. Die Wahrnehmung erhöhte seine Persönlichkeit ins Unheimliche und Übermenschliche. Bei diesen außerordentlichen Geschehnissen ist der Charismatiker mit Händen zu greifen. Die Gnadengaben des Urchristentums waren in ihm wiedergekehrt. Man muß Martin in großen Dimensionen sehen, sonst wird man ihm nicht gerecht. Seine unerhörten Taten sind Ausstrahlungen seiner beständigen Verbundenheit mit Gott. „Er zeigte so, daß Christus in ihm wirksam war", kommentiert Sulpicius Severus kurz und treffend den Wundertäter.

Der heutige Mensch kann bei diesen Wunderberichten freilich eine Frage nicht unterdrücken: Sind diese Wunder wirklich geschehen? Wenn sie sich aber nicht ganz real ereignet haben, was sollen wir mit erfundenen Wundern anfangen? Gibt es einwandfrei festgestellte Wunder, oder sind sie ein Produkt der Fabulierlust der Legendenschreiber? Wie soll man sie mit dem modernen Weltbild in Einklang bringen?

Diese Fragen dürfen nicht unterdrückt werden, denn, stellen wir sie nicht, erheben sie die Ungläubigen um so eifriger auf den Schild. Wir müssen doch unvoreingenommen über sie nachdenken.

Nun ist ohne weiteres zuzugeben, daß viele Wunder allzu leichtgläubig übernommen wurden. Man hat es unterlassen, sie auf ihren Wahrheitsgehalt zu prüfen, und daher sind oft Wunder aufgezeichnet worden, die aus anderen Heiligenleben stammen. Da man immer wieder auf solche übernommene Berichte stößt, ist gegenüber einer übereifrigen Wundersucht kritische Vorsicht am Platze.

Würde man grundsätzlich die Wunder verneinen, weil sie mit unseren Kenntnissen der Naturgesetze nicht in Einklang zu bringen sind, machte man sich einer weltanschaulichen Voreingenommenheit schuldig. Dies würde bedeuten, Gott den Naturgesetzen zu unterstellen, deren Schöpfer er doch ist. Es steht der Allmacht Gottes frei, ein Naturgesetz zu durchbrechen. Wir glauben an den Wunder wirkenden Gott, und deshalb stehen wir auch dem Wundertäter Martin nicht skeptisch gegenüber, sondern haben unsere Gründe, hierin eine positive Einstellung einzunehmen. Wir betreiben keineswegs eine Wunderapologie, die immer schwächlich wirkt. Unsere religiöse Haltung darf nicht auf Salz und Pfeffer verzichten, sonst ist sie kraftlos.

In der religiösen Welt ist der Verstand nicht oberster Maßstab. Was der Verstand erforschen kann, das soll er auch erforschen, aber es gibt doch Dinge, die sich seiner Wahrnehmung entziehen. Pascal notierte in seinen „Pensées": „Zwei Übertreibungen: Ausschluß der Vernunft – nur die Vernunft gelten lassen." Es gibt Geschehnisse, die dem Verstand unverständlich sind. Ihrer sind viel mehr, als wir gemeinhin ahnen. In allem Erkennungsdrang stößt der Mensch immer wieder auf eine Mauer, die ihm Halt gebietet: Bis hierher und nicht weiter! Jenseits davon beginnt das Geheimnis, das sich der Vernunft nicht untertan machen läßt. Ohne Mysterium lohnte es sich nicht zu leben. In seinem Glauben an das Wunder schreitet der Christ entschlossen vom Vernünftigen zum Übervernünftigen weiter.

Der Götzenzertrümmerer

Zur Zeit Martins herrschte in Gallien immer noch das Heidentum. Es gab im Lande noch viele Tempel, in denen man den Göttern opferte. Namentlich auf dem Lande war das Christentum oft nur wie ein dünner Firnis, unter dem der alte Aberglaube weiterschwelte. Da das Christliche vielfach von außen an das Volk herangetragen, ja förmlich ihm aufgezwungen wurde, lebten die heidnischen Gebräuche unterirdisch weiter und quälten mit ihrem Aberglauben seine Anhänger.

Es gehörte zu Martins bischöflichem Auftrag, Gallien missionierend zu durchziehen. Er verhielt sich keineswegs duldsam gegenüber den zahlreichen Überresten des Heidentums. Bei aller Barmherzigkeit war Martin kein sanfter Mensch, war er doch von einem missionarischen Eifer erfüllt. Er sah im Heidentum eine gegnerische Macht, schwang deshalb kämpferisch die Axt und zeigte sich keineswegs tolerant.

Wo immer ihm eine heidnische Kultstätte begegnete, schreckte er nicht davor zurück, sie zu zerstören. Als er einmal einen Tempel niederriß, baten die anwesenden Heiden, doch wenigstens den heiligen Bau stehen zu lassen. Martin redete eindringlich auf sie ein, sich auch von diesem Götzen zu trennen. Sie aber wollten nicht einwilligen und schlugen ihm zuletzt eine Art Gottesgericht vor. Der Vorschlag war niederschmetternd: Der Baum würde gefällt, aber Martin müsse ihn im Sturze aufhalten. Der Heilige ging auf das Anerbieten ein, und die Föhre wurde umgehauen. Martin mußte sich auf jene Seite stellen, auf die nach menschlicher Voraussicht der Baum fallen würde. „Schon krachte die Föhre, sie neigte sich, sie sank, sie fiel schon auf ihn, da erhob Martin seine Hand gegen sie und setzte ihr das Zeichen des Heiles entgegen. Wie von einem Wirbelsturm erfaßt, wurde sie da zurückgeworfen und stürzte nach der entgegengesetzten Richtung." Die Heiden staunten, und Martins Begleiter weinten vor Freude.

Martin scheute nicht vor Gewalttaten zurück, wenn es galt, Götzen und ihre Tempel zu zertrümmern, doch richtete sich sein Zorn nie gegen die heidnischen Menschen. Diese aber erzürnten sich über sein Tun und brachten ihn oft in lebensgefährliche Situationen. Einmal stürzte ein ergrimmter Heide mit erhobenem Beil auf ihn los und wollte ihn erschlagen. Martin schob furchtlos seinen Mantel zurück und bot dem Angreifer seinen Nacken dar. Der wilde Heide war darob dermaßen bestürzt, daß er zu Martins Knien fiel und ihn um Vergebung flehte.

Nach Martins Auffassung durften die heidnischen Kultstätten nicht geduldet werden. Mit seiner ganzen Energie rottete er sie alle aus. War dieses Werk jedoch getan, ließ er auf der gleichen Stelle eine Kirche oder ein Kloster erbauen. Er wollte den Menschen nicht etwas nehmen, ohne ihnen dafür etwas Besseres zu geben. Ihm lag daran, Gallien für das Christentum zu gewinnen.

Dem heutigen Menschen scheint sein Vorgehen zunächst rücksichtslos zu sein, zumal er oft dazu neigte, das Heidentum unter einem ästhetischen Gesichtspunkt zu betrachten und dabei allerlei Schönheiten zu entdecken. Es ergäbe aber eine schiefe Blickrichtung, wollte man Martin vom Standpunkt des zwanzigsten Jahrhunderts aus beurteilen. Er muß aus seiner Zeit heraus verstanden werden. Diese Zeit kannte noch nicht das Ideal der pluralistischen Gesellschaft, das, näher besehen, ein fragwürdiges, bourgeoises Ideal ist. Wir sind auch des Toleranz-Geredes müde geworden, denn gewöhnlich stammt es aus einer Gleichgültigkeit und nicht aus einem inneren Glühen für die Wahrheit. Es gibt nicht verschiedene Wahrheiten von gleichem Wert. Gewiß führen mannigfache Wege zur Wahrheit, aber es gibt nur eine Wahrheit. Christus hat von sich gesagt: „Ich bin der Weg und die Wahrheit und das Leben." Martin war von dieser einen Wahrheit überzeugt, und darob ist er zum Götzenzertrümmerer geworden, mag dies nun den Menschen der Neuzeit angenehm sein oder nicht. Wollte Gott, wir hätten auch in unserer Zeit mutige Menschen, die mit dem modernen Götzentum des Geldes, der Mode, des Sports radikal aufräumen würden, es wäre anders um uns bestellt. Götzenzertrümmerung gehört nun einmal zum Handwerk des Christen. Wir werden der heutigen Sumpflandschaft nicht entsteigen, wenn wir nicht den modernen Augiasstall radikal ausräumen. Dies ist eindeutig aus Martins Tätigkeit zu entnehmen. Es ist nun einmal von ihm mehr zu lernen als von der konfusen Literatur der Gegenwart. Dies ist nicht aus polemischen Gründen gesagt, da die Situation viel zu ernst ist, um das Spiel der Polemik zu betreiben. Wir möchten auf keinen Fall in der heutigen Verunsicherung stecken bleiben, sondern wollen weiterkommen, obwohl wir geistig wohl nie am Ziel ankommen werden.

Im Kampf mit dem Teufel

Martins Zerstörung der heidnischen Tempel ist nur die Außenseite seines Tuns. Dahinter steckt eine tiefere Auffassung. Götzenanbetung war nach ihm offenkundiger Teufelsdienst. Der Heilige von Tours stand im Kampf mit dem Teufel, eine Deutung, die nichts mit einer nachträglichen Interpretation zu tun hat, tritt sie doch dem Leser von Martins Vita auf Schritt und Tritt entgegen.

Bei seinem ersten Besuch bei Hilarius in Poitiers wurde Martin zum Exorzisten geweiht. Das war ein schweres Amt, dessen Ausübung eine besondere Kraft erforderte. Zu oft sind die Exorzisten ihrer Aufgabe nicht gewachsen und richten mehr Schaden als Nutzen an. Deswegen haben in unserer Zeit schnell urteilende Theologen kurzerhand gefordert, dieses Amt einfach zu streichen. Dies ist jedoch eine allzu einfache Lösung. Martin dachte anders. Er nahm seine Exorzistentätigkeit sehr ernst, wußte er doch, wie viel geistige Kraft sie erforderte. Dabei dachte er nicht daran, den bösen Geist mit Drohungen und Befehlen auszutreiben. Er berührte auch niemals einen Besessenen. Martin zog ein rauhes Bußkleid an, bestreute sein Haupt mit Asche, warf sich zur Erde nieder und betete mit glühender Inbrunst zu Gott.

Martin erlebte dabei auch schwere Teufels-Versuchungen. Sulpicius Severus berichtet: „Eines Tages stand der Teufel vor ihm in der Zelle, während er betete. Purpurlicht strahlte er vor sich her und war auch selbst ganz davon umflossen; mit diesem erborgten Lichtglanze hoffte er um so leichter täuschen zu können. Ein Königsmantel umwallte ihn, er trug ein edelsteinfunkelndes, goldenes Diadem auf dem Haupte, seine Schuhe waren golddurchwirkt; gewinnend war seine Miene, freundlich sein Antlitz, so daß man eher alles andere als den Teufel in ihm vermuten mußte. Auf den ersten Anblick hin war Martinus höchlichst überrascht; beide schwiegen geraume Zeit. Dann begann der Teufel zuerst: ‚Erkenne, wen du vor dir erblickst. Ich bin Christus. Da ich im Begriff bin, auf die Erde herniederzusteigen, wollte ich mich dir zuerst offenbaren.' Martin schwieg und antwortete mit keiner Silbe darauf. Da hatte der Teufel die Frechheit, sein frevelhaftes Bekenntnis zu wiederholen: ‚Martin, warum zweifelst du. Glaube doch, da deine Augen es ja schauen? Ich bin Christus.' Jetzt ward es Martin durch eine Geistesoffenbarung kund, der Teufel stehe vor ihm, nicht Gott. Daher sprach er: ‚Jesus, unser Herr, hat nicht gesagt, daß er im Purpur und im Glanze einer Krone wiederkommen werde. Ich kann nicht glauben, daß Christus anders gekommen wäre als in jener Haltung und äußeren Gestalt, so wie er gelitten, als mit den Wundmalen des Kreuzes.' Bei diesen Worten verschwand der Teufel plötzlich wie Rauch und erfüllte die Zelle mit üblem Geruch." Dieses Gespräch mit dem Teufel verlief anders, als wir es gelegentlich in der modernen Literatur lesen. Was sagen unsere lehrenden und lernenden Theologen dazu? Vermutlich zucken sie mit den Achseln über diesen Bericht, beweisen aber nur damit, wie sehr sie im Unrecht sind.

Die Vita überliefert ferner ein überaus aufschlußreiches Gespräch mit dem Teufel. Es handelte sich um die Lossprechung von Sündern. Der Teufel wandte ein, daß kein Verbrecher eine Vergebung und kein Abgefallener eine Verzeihung erhalten könne. Da sprach Martin zum Teufel: „Wenn du Elender selbst davon abließest, die Menschen anzufeinden und wenigstens jetzt, da der Tag des Gerichts ganz nahe ist, über dein Treiben Reue empfändest, dann würde ich fest auf den Herrn Jesus Christus bauen und dir Begnadigung in Aussicht stellen." Diese kühne Rede Martins zeigt eindeutig, daß sein Vertrauen zur Barmherzigkeit Gottes unendlich groß war.

Martin hat offenbar das Amt des Exorzisten sehr ernst genommen, denn nie hörte das Ringen mit dem Satan auf, das seine ganze Kraft erforderte. Er äußerte sich darüber auch in bildlichen Reden. Er beobachtete einmal Tauchervögel, die den Fischen nachstellten, und sah darin ein Bild des furchtbaren Streites, der sich unsichtbar, aber real, im Hintergrund des Lebens abspielte: „Das ist ein Bild der Dämonen. Den Arglosen stellen sie nach, die Unwissenden fangen sie, und sie verschlingen ihre Beute und werden doch nie satt in ihrer Gier." Sulpicius Severus meinte: „Es mag uns rätselhaft vorkommen, warum Gott dem Teufel solche Gewalt eingeräumt hat."

Doch hätte Martin den Kampf mit dem Teufel nicht zu bestehen vermocht, wenn ihm nicht die Engel helfend zur Seite gestanden wären. Bei einer Tempelzerstörung erschienen ihm zwei Engel mit Schild und Lanze bewaffnet wie himmlische Krieger, die Martin beschützten und die Heiden verjagten. Nach Sulpicius Severus „ist es auch sicher, daß dem Martin mehrmals Engel erschienen sind; sie unterhielten sich lange mit ihm". „Martin hat oft mit Engeln vertrauten Umgang gepflogen."

Mag es sich nun um Engel oder Teufel handeln, in beiden Fällen ist der moderne Mensch nur bereit, vom mittelalterlichen Weltbild zu reden, das er glaubt, überwunden zu haben. Ist aber ein derart vorgefaßtes Urteil nicht ein Ausdruck seiner Verlegenheit, ein Zeichen seiner Unfähigkeit, in metaphysischen Kategorien zu denken? So leichtfertig und schnell darf man mit solchen Fragen nicht zu Ende sein. Vielmehr muß die Tatsache, daß die Väter und im besonderen die Heiligen im Kampf mit dem Teufel lagen, uns zum mindesten als ein Umstand erscheinen, den wir um ihret- und um unsertwillen ernst zu nehmen haben. Sie zeigen ihre Verbundenheit mit den zerstörenden und helfenden Mächten des Lebens. Engel und Teufel lassen sich nicht aus der Offenbarungswahrheit eliminieren; ihre Existenz gehört zum Urwissen der Menschheit. Die Botschaft über den Teufel wurde dem Christen mitgeteilt, um ihn zur Wachsamkeit zu ermahnen. Der Teufel darf nicht verharmlost oder gar ironisiert werden, aber er bildet auch niemals die Christus allein gehörende Mitte unseres Lebens. Mit einer bloß religionsgeschichtlichen Interpretation, die allzusehr nach Aufklärerei riecht, kommt man da nicht sehr weit. Zum allermindesten sollten diese Berichte uns veranlassen, stille zu stehen und das Problem der Mächte noch einmal gründlich zu überdenken. Wir müssen das Leben tiefer und hintergründiger sehen. Jesus hatte es auch mit dem Teufel und den Engeln zu tun, warum sollten denn alle jene, die mit der Nachfolge Ernst machen, davon verschont bleiben? Die dämonischen Mächte bedrohen allezeit das menschliche Leben und verwüsten das Dasein in einem viel größeren Maße, als wir annehmen. Ohne den helfenden Beistand der Engel vermag der Mensch kaum den Gewalten der Dämonen Widerstand zu leisten, brechen sie doch zu oft wie eine Flutkatastrophe über eine Generation herein. Der Christ weiß um die metaphysischen Perspektiven und lebt zugleich des festen Glaubens, daß er in allen Anfechtungen in der Geborgenheit Gottes steht. Dieser Glaube hilft ihm, das Leben zu bestehen. Martin hat diese Wahrheit großartig und vorbildlich mit seinem Tun und Lassen vorgelebt. Dies alles ist nicht gesagt, um uns zu erschrecken oder gar zu ängstigen; vielmehr ist der Christ auch in dieser Hinsicht der getröstete Mensch, der seinen Lebensweg als einen Ritt zwischen Tod und Teufel versteht und sich dabei unbeirrbar von der Hand Gottes gehalten weiß. Das ist wahrhaftig kein Kinderglaube aus längst vergangenen Zeiten, viel eher christlicher Mut, der gestern, heute und morgen seine Gewißheit in sich schließt.

Es will Abend werden

Ein trauriges Geschehen

Martins Lebensabend war nicht ungetrübt; ein Ereignis machte ihm schwer zu schaffen, das bezeichnenderweise in den späteren Bildnissen von Martin nicht erwähnt worden ist.

Zu jener Zeit trat in Spanien ein Mann namens Priszillian auf und vertrat von der Kirchenlehre abweichende Ansichten. Er war ein gebildeter Laie und war einer streng asketischen Anschauung zugetan. Sie beeindruckte das Volk, das ihn zum Bischof von Avila wählte, jener Stadt, die für uns mit dem Namen der großen Theresia verbunden ist. Was Priszillian lehrte, ist nicht ganz klar zu erkennen und läßt sich nur notdürftig rekonstruieren, wobei zudem viele Fragen offenbleiben. Er scheint einige gnostische Elemente in die Kirchenlehre hineingewoben zu haben, nach denen die Seele von Gott stamme, während der Leib ein Geschöpf des Teufels sei. Die Sache ist dunkel, weil die Überlieferung über ihn nicht einwandfrei ist, weshalb es schwer ist, ein bestimmtes Urteil abzugeben. Priszillian besaß offenbar eine glutvolle Seele, und es ist wohl möglich, daß er seine Anschauungen überspannte.

Die Bischöfe Spaniens lehnten auf Antrag des Bischofs Ithacius seine Lehre ab, weil sie sie mit jener der Kirche für unvereinbar hielten. Kurzerhand erklärten sie Priszillian für einen Häretiker. Das war ihr gutes Recht, denn im vierten Jahrhundert tauchten allerlei Irrlehrer auf, die Verwirrung in die Christenheit hineinbrachten. Es war Pflicht der Bischöfe, auf die Reinheit der Lehre zu achten. Auch Martin hat danach gelebt. Nun aber begnügten sich die spanischen Bischöfe nicht mit der Ablehnung von Priszillians Lehre, sondern ergriffen den Ketzer, setzten ihn in Haft und traten beim Kaiser als Ankläger gegen ihn auf.

Martin lehnte sich dagegen auf, war er doch der Meinung, das Schwert dürfe nicht über eine Frage der Lehre richten. Geistiges müßte geistig überwunden werden, oder es dokumentiere sich die Ohnmacht des Geistes. Wahrscheinlich hat sich Martin daran erinnert, wie es ihm selbst zumute war, als er auf Antrag des arianischen Bischofs öffentlich ausgepeitscht worden war. Solche Erfahrungen kerben sich tief in die Seele ein und sind gewöhnlich nicht mehr auszulöschen. Martin aber vermochte mit seiner Warnung nicht durchzudringen. Er nahm gegenüber den Ketzern eine ganz andere Einstellung ein: „Martin nämlich war in seiner Liebe ängstlich dafür besorgt, nicht bloß die Christen, die bei dieser Gelegenheit zu leiden hatten, sondern auch die Häretiker zu befreien."

Priszillian und sechs seiner Anhänger wurden nach Trier überführt. Angeblich legten sie ein „Geständnis" ab. Man weiß nicht, unter welchen Umständen sie dazu genötigt worden waren, haben wir doch heute erkannt, was von solchen „Geständnissen" zu halten ist. Daraufhin ließ der Kaiser sie auf Begehren der Bischöfe enthaupten. Es war die erste Ketzerhinrichtung in der Christenheit. Unstreitig war dies einer der dunkelsten, in eine unendliche Traurigkeit eingehüllten Tage in der Geschichte der Kirche, denn durch diese Tat war sie

Die Ankläger des Irrlehrers Priscillian vor dem Kaiser. – Zeichnung (11. Jh.) aus der Handschrift „Leben und Wunder des hl. Martin." – Tours, Stadtbibliothek (MS 1018)

in Widerspruch mit sich selbst geraten. Stets hatte sie bis dahin das Blutvergießen verabscheut, und jetzt forderten es ihre Diener selbst. Und nicht genug damit: mit dieser Hinrichtung lud die Kirche, kaum von der Verfolgung befreit, eine schwere Schuld auf sich, die immer neuen Zuwachs erhielt und mit deren Sühne wir kaum begonnen haben. Schlimm daran war, daß die Christen auf diesem verhängnisvollen Weg weiterschritten. Es kam die Zeit der Ketzerriecherei. Nach einer älteren französischen Darstellung „genügte es, bleich zu sein oder die Kleidung zu vernachlässigen, um der Ketzerei verdächtigt zu werden". In zunehmendem Maße betrachtete man die Tötung der Ketzer als eine selbstverständliche Sache und empfand darob nicht einmal die geringsten Gewissensbisse. Es dauerte Jahrzehnte, bis den Christen die Ahnung aufstieg: „Ein auf dem Scheiterhaufen verkannter Ketzer kann von Gott als Märtyrer angesehen werden, und derjenige, der ihn verbrennt, ist vielleicht des Feuertodes würdiger." Die Christenheit muß auf diesem Gebiet eine radikale Umkehr vollziehen. Niemals darf sie den Verdacht auf sich sitzen lassen, die Ketzer abermals zu verfolgen, käme die Kirche wieder in den Besitz der Macht. Häretiker sind für uns irrende Brüder; Brüder aber liebt man und verbrennt sie niemals. Die gewalttätige Formulierung „die Minderheit muß liquidiert werden" ist eine kommunistische Losung und niemals eine christliche Parole. Im Gegenteil, der Christ kann auch mit Menschen zusammen leben und sie sogar lieben, selbst wenn er deren Überzeugung nicht teilt. Die Liebe befiehlt ihm nicht, eine falsche Auffassung anzuerkennen, wohl aber das Geltenlassen eines anderen Menschen. Elias' Ausrottung der Baalspriester ist nicht unser Vorbild, wohl aber Paulus' Wort: „Etliche zwar predigen Christum auch um Neides und Haders willen. Was tuts aber? Daß nur Christus verkündiget werde allerlei Weise, es geschehe zum Vorwand oder in Wahrheit, so freue ich mich doch darinnen und will mich auch freuen." Martin hat uns mit seiner Haltung ein Beispiel gegeben, das mindestens so wichtig war wie die Mantelteilung. Die Nächstenliebe erstreckt sich auf die äußere und die innere Not, in der sich ein Mensch befindet, hat sie doch erkannt: „Gott will, daß allen Menschen geholfen werde."
Martin empfand das Unchristliche im Verhalten gegenüber Priszillian und fühlte sich davon schwer betroffen. Er wäre kein Heiliger gewesen, wenn es ihm nicht sofort zum Bewußtsein gekommen wäre. Fortan mied er die Gemeinschaft mit den Bischöfen, die die Hinrichtung von Priszillian veranlaßt hatten und nahm deshalb an keiner Synode mehr teil. Mit dem Abbruch der Beziehungen mit seinen Mitbischöfen brachte Martin den christlichen Protest zum Ausdruck, den er in anderer Form schon vor Julian dem Abtrünnigen abgelegt hatte und der nie verstummen darf, soll die Christenheit nicht ein salzloses Salz werden.
Er begab sich an den Hof des Kaisers in Trier mit der Absicht, den Kaiser eines Besseren zu belehren. Bis dahin hatte er sich gehütet, den kaiserlichen Palast zu betreten, dies um so mehr, als Maximus ein gewalttätiger Mann war. Zudem gingen am Hof viele Kleriker ein und aus, Männer, die dem Kaiser stets die größten Schmeicheleien sagten und damit eine

widerliche Charakterlosigkeit an den Tag legten. Damals wurde der christliche Höfling geboren, eine unerfreuliche Erscheinung, die der Kirche unendlich viel Schaden zugefügt hat. Sulpicius Severus scheute sich nicht zu schreiben: „Freilich beim heutigen Zeitgeist, da alles bodenlos verkommen ist, muß es beinahe als etwas Außerordentliches erscheinen, wenn ein Bischof soviel Charakter hat, daß er sich nicht zum Hofschranzentum erniedrigt."

Der Bischof von Tours sah diese priesterlichen Hofschranzen und fühlte einen Stich im Herzen. Er wollte ihnen aus dem Wege gehen und konnte es nicht. Martin wurde vom Kaiser als Gast eingeladen und kam dessen Bitte schließlich nach, worüber Maximus hocherfreut war. Martin aber fühlte sich unbehaglich an seiner Tafel und brachte dies auch durch sein Verhalten zum Ausdruck, indem er den ersten Trunk nicht dem Kaiser, sondern einem Mitgeistlichen reichte. Es war ein grober Verstoß gegen die Etikette, aber gerade diese beachtenswerte Gebärde trug ihm die Achtung des Kaisers ein. Auch mit dem Kaiser Valentinian tat sich Martin nicht leicht. Er mußte wegen eines dringenden Anlasses zu ihm gehen und wurde höchst ungnädig empfangen. Martin verschaffte sich trotzdem Eingang, aber Valentinian hielt es unter seiner Würde, sich nur zu erheben, „bis Flammen unter dem Thronsessel aufloderten und Feuer am sitzenden König hinaufzüngelte". Die wunderbare Begebenheit bezeugt erneut die in Martin wohnende spürbare göttliche Kraft, die auch den widerwilligen Kaiser nötigte, dem Wundertäter zum voraus alles zu gewähren, worum er bat.

Doch bis an sein Lebensende machte sich Martin Selbstvorwürfe darüber, daß er mit diesen höfischen Klerikern Gemeinschaft gehalten hatte. Er wanderte durch das heutige Luxemburg, als ihm unweit von Echternach, der Ortschaft, wo noch heute die Springprozession abgehalten wird, ein Engel erschien und zu ihm sprach: „Martin, mit Recht verurteilen dich Gewissensbisse; allein, es gab für dich keinen anderen Ausweg. Fasse wieder Mut, werde wieder fest, sonst kommt nicht deine Ehre, sondern dein Seelenheil in Gefahr." Nach dieser Engeltröstung kehrte auch die Wunderkraft, die er einige Zeit eingebüßt hatte, mit doppelter Fülle wieder zu ihm zurück. Wohl war Martins Lebensabend durch die Ketzerfrage und die kirchlichen Hofschranzen getrübt, aber er versank in keine trostlose Resignation. Dank der Engelbegleitung wanderte er bis zuletzt auf dem schmalen Weg als ein Christ, der auch im finsteren Tal kein Unglück fürchtete, weil Gott stets bei ihm war.

Auf der Asche liegend

Inzwischen war Martin über achtzig Jahre alt geworden, für jene Zeit ein sehr hohes Alter. Er fühlte deutlich sein Ende nahen, das Sulpicius Severus nicht in der Vita, sondern in seinem dritten Brief erzählt. Martin gab seinem Glauben an das bevorstehende Weltende Ausdruck und hatte noch mannigfache Anfechtungen zu bestehen. Wie einige andere Heilige, wußte auch er lange voraus um seinen Heimgang. Dann sah er wieder den Teufel neben sich stehen. „Was stehst du hier, blutdürstige Bestie", sprach er da, „Unheilstifter, du wirst an mir nichts finden. Mich nimmt der Schoß Abrahams auf." Wenn Martin auch bis zuletzt der versuchte Mensch blieb, verdient doch hervorgehoben zu werden, daß er von keiner Höllenangst heimgesucht wurde. Erfüllt von einer inneren Heilsgewißheit, glaubte er fest, wie Lazarus in Abrahams Schoß aufgenommen zu werden. So lautete der bidliche Ausdruck für die ewige Seligkeit.

Von einem heftigen Fieber ergriffen, legte er sich, angetan mit einem härenen Hemd, auf seine mit Asche bestreute Lagerstätte. Seine Mitmönche drangen in ihn, doch wenigstens Stroh unter sein Bußgewand zu legen, aber er antwortete: „Kinder, für einen Christen ziemt es sich, nicht anders als auf Asche zu sterben." Unablässig betete er und schaute unverwandt zum Himmel empor. Die Brüder wollten ihn zur Erleichterung auf die Seite legen, aber er ließ es nicht zu: „Laßt mich, Brüder, laßt mich lieber zum Himmel als zur Erde blicken, damit mein Geist, der sich schon anschickt, zum Herrn zu gehen, die Richtung einhalte." In dieser Lage gab er am 8. November 397 seine Seele dem Schöpfer zurück; sein Antlitz leuchtete dabei wie ein helles Licht. „Sein Tod erscheint wie der Abschied einer Glaubenshaltung, die in solcher Reinheit und Stärke, Milde, Hoheit und Freiheit, in solchem Grade geprägt vom Ernst der letzten Dinge, nicht wiederkehren sollte."

Martin starb in Candes. Seine Leiche wurde nach Tours überführt, um an seiner bischöflichen Wirkungsstätte begraben zu werden. Welche Wege der Leichenwagen auch immer einschlug, stets begannen die Wiesen zu grünen und zu blühen, als wäre es Frühling, obwohl dies im November geschah. Die Berichterstattung erreicht hierin ihren legendären Höhepunkt; der Sinn kann gar nicht übersehen werden: Martins Sterben bewirkte eine Auferstehung, und die Natur war hierfür das sichtbare Zeichen. Tausende von Klerikern, Mönchen und Laien wohnten dem Begräbnis bei. Das Geleite glich einem wahren Triumphzug und hob nochmals die Beliebtheit des Bischofs von Tours mächtig hervor. Mit seinem überaus eindrucksvollen Sterben hatte diese charismatische Persönlichkeit eine letzte Höhe erreicht, vor der man nur betroffen stillstehen kann.

Über dieses Begräbnis gibt es eine schöne Legende. Nach ihr „las der damals schon sehr alte, berühmte Bischof von Mailand, Ambrosius, um die Sterbestunde des heiligen Martin die Messe. Während einer seiner Presbyter die Predigt hielt, schlief er ein. Die Predigt war zu Ende, die Epistel sollte gelesen werden, aber niemand wagte, den Bischof zu wecken. Auch unterstand sich keiner der Priester, die Epistel ohne seine Weisung für ihn zu lesen. So weckten sie Ambrosius erst nach Stunden und sagten: Herr, es ist schon spät, und das müde Volk wartet. Erlaubt, daß einer der Presbyter die Epistel liest! Ambrosius aber seufzte und

Christus erscheint Martin im Traum in der Nacht nach der Mantelteilung. – Zeichnung (11. Jh.) aus der Handschrift „Leben und Wunder des hl. Martin." – Tours, Stadtbibliothek (MS 1018)

47

sprach: O hättet ihr mich noch eine kleine Weile ruhen lassen! Mein Bruder Martin ist zu Gott eingegangen, und ich habe ihn beerdigt. Ich habe die ganze heilige Handlung vollzogen. Nur das letzte Gebet konnte ich nicht zu Ende sprechen, weil ihr mich geweckt habt."

Das ist eine schöne, heilige Anekdote, die nur übertroffen wird durch Sulpicius Severus' beredte Worte zum Abschluß des Bestattungsberichtes: „Martinus, hier arm und demütig bescheiden, geht reich in den Himmel ein. Ich hoffe, daß er von dort aus uns beschützt, daß er auf uns herniederschaut, auf mich, der ich das schreibe, und auf dich, der du es liesest." Einzig dieser Glaube schafft eine lebendige Beziehung zu Martin.

Nachwirkungen

Das Martinsgrab

Große Christen sind mit ihrem Tode nicht den Menschen aus den Augen entschwunden, und ihre Wirkung hört nicht mit ihrem Abscheiden auf. Die geistige Ausstrahlung geht weiter. Oft ist es sogar so, daß die von ihnen ausgehende Nachwirkung größer ist als zu ihren Lebzeiten. Das gläubige Volk ist jedenfalls von ihrer Nähe und ihrer Gegenwart überzeugt. Als sechzig Jahre nach dem Tode Martins sich die Bischöfe in Tours zu einem Konzil versammelten, waren sie überzeugt: „Obwohl er nicht zu den Zeiten der Apostel gelebt, so hat ihm doch die Gnade der Apostel nicht gemangelt."

Die Verehrung Martins setzte mit seinem Tode ein. Sie ging von der Volksfrömmigkeit aus und nicht etwa von den kirchlichen Oberen. Martin war zum ersten Nicht-Märtyrer geworden, dem ein offizieller Kult zuteil wurde. Man baute über seinem Grab zunächst eine Kapelle und später eine große Basilika und betrachtete es von nun ab als ein Nationalheiligtum, denn es ereigneten sich dort viele Wunder. Als der ungeschlachte Merowingerkönig Chlodwig zum Christentum übertrat, erkor er sich Sankt Martin zum Schutzherrn. Der Name Martin leuchtete gar hell über die fränkische Zeit. Unzählige Menschen sind zu seinem Heiligtum gepilgert und haben dort im Gebet um den Beistand des Heiligen gefleht. Man führte selbst seinen Mantel in den Schlachten mit sich. Martins Mäntelchen, die Cappella, gab später der Sainte-Chapelle in Paris den Namen. Es wurde dort als kostbare Reliquie aufbewahrt. Jede kleine Kirche wird Kapelle genannt, eine Bezeichnung, die die meisten Menschen gebrauchen, ohne zu ahnen, daß sie auf Martin zurückgeht.

Es dauerte nicht lange, bis die Legende sich seines Lebens bemächtigte. Man begann, immer neue Geschichten von Martin zu erzählen, und entsprechend wuchs die Verehrung. In vielen Ländern rund um Frankreich wurden Kirchen gebaut und ihm geweiht. Die „Legenda aurea" faßt die Gründe für seine Volkstümlichkeit zuletzt in die Worte zusammen: „O du selige Mildigkeit, die Gott selber wirket! O du heiligen Mantels Teilung, da der König bekleidet wird und seine Ritter. Unschätzbares Geschenk, das die Gottheit durfte bekleiden."

Jahrhundertealte Volksbräuche

Die Verehrung Martins war nicht nur im Frühmittelalter verbreitet. Sie läßt sich durch das ganze Mittelalter verfolgen und reicht bis in die Neuzeit hinein. „Wer nicht einen Martinsabend am Rhein gesehen und erlebt hat, weiß nicht, wie tief das Andenken des barmherzigen Reitersmannes in unserem katholischen Volke verankert ist. An diesem Abend steigt er

50

herab von den Giebeln der Münster und Dome und reitet leibhaftig auf seinem Schimmel durch die Stadt, umstrahlt vom Glanz unzähliger Fackeln und gefolgt von einer froherregten Kinderschar, die immer von neuem die uralten Weisen anstimmt: Sankt Martin, Sankt Martin, Sankt Martin ritt durch Schnee und Wind…"

Freilich veränderten sich die Formen seiner Verehrung. Da sein Fest auf den elften November fällt, den letzten Feiertag vor der sechswöchigen Adventsfastenzeit der gallikanischen Liturgie, wird sein Tag mit einer ähnlichen Belustigung begangen wie die Fastnacht vor dem Passionsfasten. Ein richtiger Karneval geht los mit seiner übermütigen Freude am Leben, ein Fest, wie es der asketische Martin niemals begangen hätte. Beim lukullischen Mahl wird die gemästete Martinsgans mit neuem Wein, mit Süßigkeiten und Früchten herumgeboten – wen wundert es, daß dabei paradoxerweise Martin zum Schutzpatron der Zecher und Schlemmer erhoben wurde? Die Kinder basteln Laternen, ziehen damit singend von Tür zu Tür und machen von ihrem merkwürdigen „Heischerecht" Gebrauch, worunter man das Recht versteht, von den Nachbarn einen Anteil an den Festtagsspeisen zu verlangen.

Nicht alle Volksbräuche sind erfreulich. Wer den Martinizins zu entrichten und die Summe nicht beieinander hat, wird wenig Fröhlichkeit im Herzen spüren. Trotzdem dürfen Volksbräuche niemals geringgeachtet werden, weil ihnen ein Sinn zugrunde liegt und sie geistige und materielle Volkskultur vereinen. Werden sie abgeschafft, entsteht daraus nur eine Leere. Auch ist es bezeichnend, daß sich solche Volksbräuche nie an bedeutungslose Personen heften. Die mit dem Namen Martin verbundenen Volksbräuche erinnern doch immer wieder an den Heiligen. Doch bleibt es eine Aufgabe, nicht bei diesen Volksbräuchen stehenzubleiben. Viel wichtiger als Martinsgans und Martinsumzüge ist die große Heiligengestalt selbst, dieser charismatische Wundertäter, der auf einsamer Flur steht. Weit und breit ist keiner sichtbar, der ihm das Feld streitig zu machen imstande wäre.

Was Don Quijote über Martin sagt

Cervantes läßt eine treffliche Äußerung seines berühmten, angeblich närrisch gewordenen Don Quijote über Martin machen. Der Ritter von der traurigen Gestalt kam zu einigen Männern, die, auf einer Wiese sitzend, das Mittagsmahl einnahmen. Neben ihnen waren weiße Tücher ausgebreitet, die offensichtlich etwas verbargen. Don Quijote näherte sich ihnen, fragte die Speisenden, was die Tücher verdeckten und erhielt die Antwort: „Heiligenbilder". Natürlich begehrte er sie zu sehen und erkannte zunächst den heiligen Georg und hernach den heiligen Martin, wie er seinen Mantel mit dem Bettler teilte.

Sinnend betrachtete er sie und sprach dann die merkwürdigen Worte: „Dieser Ritter war auch einer von den christlichen Abenteurern, und ich glaube, daß er noch freigebiger als tapfer war, weil er, wie du hier sehen kannst, Sancho, seinen Mantel mit dem Bettler teilt und diesem die Hälfte davon gibt. Wahrscheinlich war es im Winter, sonst hätte er ihm den ganzen gegeben, so voll christlicher Nächstenliebe war er." Sancho Pansa verstand diese Worte nicht und versuchte, wie gewohnt sie niedriger zu hängen. Der dicke Knappe begriff nur die empirische Wirklichkeit und nicht den geistigen Höhenflug Don Quijotes. Der Ritter von der traurigen Gestalt erkannte intuitiv, daß Martin einmal ein Ritter war, wenn auch ein Ritter besonderer Art, ein Ritter Christi, wie er sich in Worms vor Kaiser Julian mutig selbst bezeichnet hatte. Das Ritterideal ist etwas Großes, so sehr es auch in der Welt verzerrt und heute sogar völlig verdrängt worden ist. Es gibt auch ein geistiges Rittertum, das unvergänglich bleibt und auf das der Christ nie verzichten darf. Dieser höhere Ritter, wie Don Quijote Martin nannte, war nach ihm ein „christlicher Abenteurer". Er hatte nichts zu tun mit einem auf Raub bedachten Strauchritter, sondern es war ein Ritter, der das Christentum als das große Abenteuer erfaßte, das der Mensch zu bestehen hat. Martins Leben ist von Anfang bis zum Ende ein einziges, christliches Abenteuer, ein Abenteuer des Glaubens, nebem dem alle anderen Erlebnisse bedeutungslos werden. Der heilige Martin, als Ritter des Glaubens verstanden, ist die ihm entsprechende Deutung, die Don Quijote genial und scharfsinnig erkannt hat und über die zu meditieren es sich lohnt.

Er wird bei uns bleiben

Es ist nicht leicht, eine wirklich adäquate Würdigung Martins zu geben, ein schwieriges Unterfangen, das schon Sulpicius Severus gespürt und auch offen eingestanden hat. „Seine äußeren Taten konnte man ja schlecht und recht in Worte fassen, allein das muß ich gestehen, keine menschliche Rede vermag sein inneres Leben, seinen gewöhnlichen Wandel, seine Seelenverfassung zu schildern, die immer auf Himmlisches gerichtet war", und dabei käme es doch gerade auf die Darstellung seines Innenlebens an. Sulpicius Severus war sich des fragmentarischen Charakters seiner Lebensbeschreibung durchaus bewußt und gab sich keinerlei Illusionen hin. Noch in seinem dritten Dialog führt er aus: „Du darfst nicht erwarten, daß der Erzähler mit Martinus an ein Ende käme. Seine Persönlichkeit ist zu bedeutend, als daß sie sich in die Grenzen irgendwelcher Worte einzwängen ließe." In einem Brief fügt er hinzu: „Hätte ich alles mitteilen wollen, dann hätte ich den Lesern ein ungeheuer dickes Buch vorlegen müssen. Denn seine Taten sind nicht so geringfügig, daß man alle hätte in kurze Worte fassen können." Diese Eingeständnisse lassen sich nur dahin verstehen, als daß die Gestalt Martins nicht nur zu groß für Sulpicius Severus war, sondern auch für uns ist, eine Empfindung, die sich ganz von selbst einstellt. Sulpicius Severus tröstete sich nur mit dem Gedanken, daß sein „Buch überall hingedrungen ist und daß es auf dem Erdkreis kaum einen Ort gibt, wo ein so beglückendes Lebensbild nicht allgemein bekannt und in aller Hände wäre". Tatsächlich wurde Sulpicius Severus' Vita über Martin auch in der Ostkirche gelesen, auch meinte er, sie sei in Alexandrien fast mehr bekannt als in Gallien, eine Verbreitung, die sie auch verdient hat.

Obwohl sich Sulpicius Severus der Größe seines Stoffes und der Kleinheit seiner Person bewußt war, versuchte er dennoch, ein Bild von Martin zu zeichnen: „Niemand hat ihn je zornig, aufgeregt, traurig, niemand lachen gesehen. Er blieb sich immer gleich; wie von himmlischer Freude strahlte sein Angesicht. Er machte den Eindruck einer übermenschlichen Erscheinung", und dies bei aller Natürlichkeit. Es geht nicht an, die Gefaßtheit Martins stoisch zu nennen; er war ein Mann des inneren Gleichgewichtes, in der Sprache der mittelalterlichen Mystiker ausgedrückt, hatte er die Gelassenheit erreicht. Aber Sulpicius Severus konnte sich in seiner Begeisterung mit dieser einen Schilderung nicht zufriedengeben und setzte daher immer wieder zu neuen Versuchen an. Dabei entging ihm nicht, daß Martin eine nicht leicht zu begreifende Persönlichkeit war. Deswegen wurde ihm auch viel Unverständnis entgegengebracht. „Sein beständiger Kampf und Streit gegen die Bösen zog ihm den Haß der Schlechten zu. Die Häretiker haßten ihn, weil er unablässig gegen sie Fehde führte. Die Kleriker haßten ihn, weil er ihren Lebenswandel und ihre Vergehen geißelte. Dagegen sind alle Guten für ihn voll Bewunderung und Liebe." Martin wird von Sulpicius Severus als ein Mensch geschildert, der allen Situationen gewachsen war, der immer seinen Mann stellte und nie die Flucht ergriff. Trotz seines Mönchtums ist er den Problemen der Welt nicht ausgewichen. „Martin dagegen lebte mitten im Weltgedränge und im Umgange mit den Menschen, unter zwiespältigen Klerikern und fanatischen Bischöfen. Fast jeder Tag brachte unangenehme Dinge, bald von da, bald von dort; aber allen Schwierigkeiten zum Trotz stand er mit unerschütterlichem Mute fest hin und hat so Großes geleistet wie keiner von jenen, die, wie wir gehört haben, in der Wüste lebten oder noch leben." Das darf nicht als eitle Ruhmrederei aufgefaßt werden, denn Martin war ein mystischer Mensch, der nicht in den üblichen Rahmen paßt, obschon Sulpicius Severus unwillkürlich in das Schema hineingeriet, einen abgeklärten, fehlerlosen und leidenschaftslosen Mann zu schildern. Er berichtet, gesehen zu haben, daß während des Altardienstes „über seinem Haupte eine Feuerkugel leuchtete, derart, daß sie, in die Höhe steigend, einen langen Lichtschweif herniedersenkte".

Alle Versuche, Martins Wesen zu erfassen, bleiben im Unzulänglichen stecken. Man kann sich seiner nicht bemächtigen, weil er alle begrifflichen Versuche sprengt. Er ist gewaltiger als unser kleines Gestaltungsvermögen. Eine Einsicht aber gilt es in allem Unvermögen festzuhalten, eine Erkenntnis, die Sulpicius Severus so trefflich formuliert hat: „Glaube es mir, Martinus wird nicht von uns weichen, nein, er wird nicht von uns weichen: er wird bei uns sein, wenn wir von ihm reden, er wird zugegen sein, wenn wir beten." Das ist eine Glaubensgewißheit, die man wissenschaftlich nicht beweisen und auch nicht widerlegen kann. Sie gehört einem andern Raum an, einer Welt, der gegenüber es nur Annahme oder Ablehnung gibt. Aber diese Gewißheit sagt das Allerwichtigste aus: Martin weilt bei uns und wir bei ihm; die Verbindung zwischen ihm und uns wird daher nicht aufgelöst, sondern wächst eher zu einer immerwährenden Beziehung aus. Allein auf diese Weise bleibt er für uns der lebendige und stets volksnahe Heilige, der den Reigen der mittelalterlichen Gottesboten anführt und sie bis zum heutigen Tag nicht mehr aus unseren Augen entschwinden läßt.

Martin von Tours und seine Welt

Der junge Ritter Christi

Als der römische Kaiser Konstantin d. Gr. (* um 285, † 337) im Jahre 313 mit dem Mailänder Edikt dem Christentum den Weg zur Staatsreligion ebnete, leitete er eine Bewegung ein, die die Geschichte des Abendlandes und der Welt entscheidend verändern sollte.

1 *Kolossalkopf einer Sitzstatue Konstantins (313 n. Chr.) – Rom, Hof des Konservatorenpalastes*

Martins Vater, lag zu dieser Zeit als Tribun des römischen Besatzungsheers in Pannonien, dem heutigen Ungarn, in Sabaria (heute Szombately) in Garnison. Hier wurde sein Sohn um 316/317 geboren.

2 *Die Donau am Fuße der Trajanssäule in Rom kennzeichnet die Ausweitung der römischen Weltmacht in die von diesem Strom durchflossenen Gebiete Pannonien (Ungarn) und Dakien (Rumänien)*

„Martinus selbst ergriff in seiner Jugend das Waffenhandwerk und diente in der Gardereiterei unter Kaiser Konstantius und unter Kaiser Julian. Doch tat er dies nicht aus eigenem Antrieb, denn schon von früh auf sehnte sich der edle Knabe in seiner Kinderunschuld danach, Gott allein zu dienen" (Sulpicius Severus, Vita 2).

3 *Römischer Kavallerist im Kampf*

Etwa drei Jahre lang diente er vor seiner Taufe beim Militär. Er hielt sich frei von den Lastern, in die sich die Soldatenwelt gewöhnlich verstricken läßt. Seine Güte gegen seine Kameraden war groß, seine Liebe erstaunenswert, seine Geduld und Demut überstiegen jedes Maß (Vita 2).

4 *Martin wird getauft*

Einmal begegnete ihm im Winter, der ungewöhnlich rauh war, so daß viele der eisigen Kälte erlagen, am Stadttor von Amiens ein notdürftig bekleideter Armer. Er flehte die Vorübergehenden um Erbarmen an, aber alle gingen an dem Unglücklichen vorbei. Martin trug nichts als den Soldatenmantel, seinen übrigen Besitz hatte er schon verschenkt. Er zog also das Schwert, mit dem er umgürtet war, schnitt den Mantel mitten durch und gab die eine Hälfte dem Armen, die andere legte er sich selbst wieder um (Vita 3).

56

5 Martin teilt seinen Mantel mit dem Armen am Stadttor von Amiens

In der folgenden Nacht erschien Christus mit jenem Mantelstück, womit der Heilige den Armen bekleidet hatte, dem Martinus im Schlaf. Er wurde aufgefordert, den Herrn genau zu betrachten und das Gewand, das er verschenkt hatte, wiederzuerkennen. Eingedenk der Worte, die er einst gesprochen: „Was immer ihr einem meiner Geringsten getan, das habt ihr mir getan" (Mt 25, 40), erklärte der Herr, daß er im Armen das Gewand bekommen habe. Trotz dieser Erscheinung verfiel der selige Mann doch nicht menschlicher Ruhmsucht, vielmehr erkannte er in seiner Tat das gütige Walten Gottes und beeilte sich, achtzehnjährig, die Taufe zu empfangen. Er entsagte jedoch dem Heeresdienst noch nicht sogleich (Vita 3).

6 Christus erscheint Martin mit dem verschenkten Manteltei! im Schlaf
7 In Amiens im 4. Jh. geprägte römische Münze mit dem Christusmonogramm

Unterdessen waren Barbaren in Gallien eingefallen. Kaiser Julian zog bei der Stadt der Vangionen (Worms) ein Heer zusammen und begann damit, Geldgeschenke unter die Soldaten zu verteilen. Dabei wurde nach der Gewohnheit jeder Soldat einzeln vorgerufen (Vita 4).

8 Kopf Kaiser Julians auf einer Münze
9 Römischer Turm einer Stadtbefestigung

So kam die Reihe auch an Martinus. Jetzt hielt dieser den Zeitpunkt für günstig, seine Entlassung zu erbitten. Er war nämlich der Ansicht, er habe keine freie Hand mehr, falls er das Geschenk in Empfang nehme, ohne weiter dienen zu wollen. Deshalb sprach er zum Kaiser: „Bis heute habe ich dir gedient; gestatte nun, daß ich jetzt Gott diene. Dein Geschenk mag nehmen, wer in die Schlacht ziehen will. Ich bin ein Soldat Christi, es ist mir nicht erlaubt zu kämpfen." Wutschnaubend ob dieser Rede gab der Tyrann zur Antwort, Martin wolle sich nur aus Angst vor der Schlacht, die für den anderen Tag zu erwarten war, nicht aber um seines Glaubens willen dem Kriegsdienst entziehen. Doch Martinus blieb unerschrocken, ja der Versuch, ihn einzuschüchtern, machte ihn nur noch fester. So sprach er: „Will man meinen Entschluß der Feigheit und nicht der Glaubenstreue zuschreiben, dann bin ich bereit, mich morgen ohne Waffen vor die Schlachtreihe zu stellen und im Namen des Herrn Jesus mit dem Zeichen des Kreuzes, ohne Schild und Helm, furchtlos die feindlichen Reihen zu durchbrechen." Am nächsten Tag schickten die Feinde Gesandte zu Friedensverhandlungen. Zweifellos war dieser Sieg dem heiligen Mann zu verdanken. Die Gnade verhütete, daß er sich wehrlos zum Kampfe stellen mußte (Vita 4).

10 Martin verweigert Kaiser Julian den Kriegsdienst

Exorzist – Bekenner – Mönch

Martinus nahm also seinen Abschied und ging hernach zum heiligen Hilarius, Bischof von Poitiers (um 350 Bischof, † 367/368), der damals, wie allgemein bekannt, für die Sache Gottes mit bewährter, erprobter Glaubensfestigkeit eintrat. Martinus hielt sich einige Zeit bei ihm auf (Vita 5).

11   Fassade der Kirche Notre-Dame-La-Grande in Poitiers

Hilarius versuchte, Martin durch die Diakonatsweihe enger an sich zu ziehen und dauernd für den kirchlichen Dienst zu gewinnen. Allein Martin sträubte sich immer aufs neue dagegen, da er unwürdig sei. So legte der Bischof ihm nahe, sich zum Exorzisten weihen zu lassen. Diese Weihe wies Martinus nicht zurück, um nicht das Ansehen zu erwecken, als ob er sie ihres niederen Grades wegen verachte (Vita 5).

12   Martinus vertreibt als Exorzist einen Teufel aus einer Kuh
13   Ostansicht und Apsis des Baptisteriums Saint-Jean (4.–6. Jh.) in Poitiers

Bald darauf wurde Martinus im Traum ermahnt, wieder in sein Vaterland zurückzukehren und in frommem Eifer seine immer noch heidnischen Eltern zu besuchen. Er machte sich mit Einwilligung des hl. Hilarius auf den Weg. Dieser nötigte ihm durch Bitten und Tränen das Versprechen ab, daß er wieder zurückkehren werde.
Zunächst verirrte Martin sich in den Alpen und fiel Räubern in die Hände. Schon schwang einer von ihnen ein Beil, um mit wuchtigem Schlag sein Haupt zu treffen, doch ein anderer hielt den Todesstreich auf. Man fesselte Martin die Hände auf den Rücken und übergab ihn einem Räuber zur Bewachung und Ausplünderung. Dieser führte ihn beiseite und fragte ihn, wer er sei. Martins Antwort lautete, er sei Christ. Der Räuber fragte dann, ob er Angst habe. Da erklärte Martinus voll Festigkeit, er habe sich nie so sicher gefühlt; er wisse ja, daß Gottes Barmherzigkeit vor allem in Heimsuchungen helfend nahe sei... Kurzum, der Räuber wurde gläubig, gab Martinus das Geleit, führte ihn auf den rechten Weg zurück und bat ihn auch, er möge für ihn zu Gott flehen (Vita 5).

14   Die Ligurischen Alpen, die Martin wohl bei seiner Reise nach Italien durchquerte
15   Martin und die Räuber

Martinus konnte dann seine Mutter, was er so sehnlich wünschte, vom Wahne des Heidentums befreien. Der Vater dagegen verharrte im Unglauben. Inzwischen hatte sich die Irrlehre der Arianer allüberall, namentlich in Illyrien (wo Martins Geburtsort lag) ausgebreitet. Martinus war fast der einzige, der den treulosen Bischöfen entschiedenen Widerstand entgegensetzte. So wurde er öffentlich mit Ruten gepeitscht und schließlich aus der Stadt Sabaria verwiesen. Er wandte sich nach Italien. Da er erfahren hatte, daß auch in Gallien die Kirche nach der Verbannung des hl. Hilarius durch die Häretiker in Verwirrung geraten sei, baute sich Martinus zu Mailand eine Zelle. Aber auch hier wurde er von den Arianern unter Auxentius aufs heftigste angefeindet. Dieser überhäufte ihn mit Kränkungen und verjagte ihn aus der Stadt. Martinus glaubte nun, bei den ungün-

stigen Verhältnissen nachgeben zu müssen, und zog sich auf die Gallinaria-Insel zurück. Hier fristete er eine Zeitlang sein Leben mit Kräuterwurzeln (Vita 6).

16 *Martin. Silberrelief vom Altar Pala d'oro in S. Ambrogio in Mailand*
17 *Die Insel Gallinaria im Golf von Genua*

Bald darauf erfuhr Martinus, der Kaiser habe dem hl. Hilarius die Rückkehr erlaubt. Er folgte deshalb eilends seinen Spuren, wurde von Hilarius äußerst liebevoll aufgenommen und baute sich unfern der Stadt Poitiers eine Zelle. Damals schloß sich ihm ein Katechumene an, der den Wunsch hatte, bei dem heiligen Mann die Schule der Vollkommenheit durchzumachen. Er erkrankte aber nach wenigen Tagen. Martinus war nun gerade nicht da. Als er zurückkehrte, fand er ihn schon tot... Martinus spürte in seinem Innersten das Wehen des Heiligen Geistes. Er gebot den anderen, die Totenzelle zu verlassen und verriegelte die Tür. Dann legte er sich über die starren Glieder des Verstorbenen und betete eine Zeitlang voller Inbrunst. Noch waren kaum ungefähr zwei Stunden verflossen, da sah er, wie nach und nach alle Glieder des Toten erzitterten und die Augen zuckend sich dem Licht wieder erschlossen. Der glückliche Mann wandte sich jetzt zu Gott, dankte mit lauter Stimme und erfüllte die Zelle mit seinen Freudenrufen... Von nun an begann der Name des Heiligen berühmt zu werden; denn galt er vordem schon allgemein als Heiliger, so kam er jetzt in den Ruf eines Wundertäters und wahrhaft apostolischen Mannes (Vita 7).

18 *Martin erweckt den toten Katechumenen*

Nicht lange danach kam er am Landgut eines gewissen Lupicinus vorüber. Da drang lautes Wehklagen an sein Ohr. Bekümmert trat er näher. Man sagte ihm, einer aus dem Gesinde habe mit der Schlinge seinem Leben ein Ende gemacht. Darauf ging Martinus in die Kammer, wo die Leiche lag. Er wies alle Leute hinaus, legte sich über die Leiche und betete eine Weile. Bald färbte sich das Gesicht des Toten mit frischer Lebensfarbe, er richtete sein Auge auf das Angesicht des Heiligen, ergriff dessen Rechte, stellte sich fest auf die Füße und ging so mit Martinus bis zum Hausflur, wo alles Volk ihn sah (Vita 8).

19 *Martin erweckt den Erhängten wieder zum Leben*

Ungefähr zur selben Zeit wurde er auf den bischöflichen Stuhl von Tours verlangt. Allein es war kein leichtes, ihn seinem Kloster zu entreißen. Rusticus, einer der Bürger, warf sich ihm daher bittend zu Füßen. Er gab vor, seine Frau sei krank, so vermochte er ihn zum Fortgehen zu bewegen (Vita 9).

20 *Merowingischer Sarkophag mit der Inschrift „Servus domini Martini" in den Kellern des von Martin gegründeten Klosters Ligugé*
21 *Die Bürger von Tours bitten Martin, ihr Bischof zu werden*

Eine unglaublich große Menge hatte sich aus dieser Stadt wie auch aus den benachbarten Ortschaften zur Bischofswahl eingefunden. Ein Verlangen, ein Wunsch, eine Überzeugung beseelte sie alle, Martinus verdiene am meisten die bischöfliche Würde; glücklich sei die Kirche, die einen solchen Oberhirten erhalte (Vita 9).

22 *Blick über die Loire auf Tours, die Bischofsstadt Martins*

Bischof – Missionar – Glaubenskämpfer

Es übersteigt mein Können, Leben und Bedeutung des Martinus als Bischof zu schildern. Nicht die geringste Änderung gegen früher ließ sich an ihm wahrnehmen. Dieselbe Demut wohnte in seinem Herzen, dieselbe Ähnlichkeit zeigte er in seiner Kleidung (Vita 10).

23   Martin wird zum Bischof geweiht

Im Vollbesitz seiner Macht und Weihegnade ward er der Stellung eines Bischofs durchaus gerecht, verlor aber dabei das Tugendstreben eines Mönches nicht aus dem Auge. Eine Zeitlang bewohnte er eine Zelle, die an die Kirche stieß. Doch konnte er die Belästigung durch die häufigen Besucher nicht ertragen; deshalb erbaute er sich etwa zwei Meilen außerhalb der Stadt ein Klösterlein. Dieser Ort war so verborgen und abgelegen, daß es den Heiligen nicht nach der Einsamkeit der Wüste verlangte. Auf der einen Seite war der Ort abgeschlossen von einer hohen, jähen Felswand. Manche der Brüder des Martinus hatten den Fels des überhängenden Berges ausgehöhlt und sich so eine Wohnstätte geschaffen. Es waren ihrer gegen achtzig Jünger (Vita 10).

24   Martin als Bischof
25   Zellen im Felsen des von Martin gegründeten Klosters Marmoutier bei Tours

Als der Heilige einst, von einer großen Schar begleitet, durch ein Tor von Paris einzog, küßte und segnete er zum Entsetzen aller einen Aussätzigen, der einen ganz jämmerlichen Anblick bot. Sofort verließ diesen alle Krankheit. Er kam tags darauf mit glänzend weißer Haut zur Kirche, um für die wiedererlangte Gesundheit zu danken (Vita 18).

26   Martin küßt den Aussätzigen von Paris
27   In den Katakomben von Paris

Ein andermal hatte er in einem Dorf einen uralten Tempel zerstört. Er war eben im Begriff, eine Föhre, die ganz nahe beim Heiligtum stand, umzuhauen. Die dortigen Oberpriester und die ganze Schar der Heiden wollten den Baum jedoch nicht auch noch fällen lassen. Schließlich sprach einer aus ihrem Kreis: „Wenn du etwas Vertrauen hast zu dem Gott, den du zu verehren vorgibst, so laß uns den Baum fällen und du mußt ihn im Sturz aufhalten. Ist dein Gott, wie du sagst, mit dir, so wirst du unverletzt bleiben." Martinus sagte das zu, denn er kannte keine Furcht und vertraute fest auf Gott. Martinus ließ sich fesseln und nach dem Willen der Heiden gerade dorthin stellen, wohin nach jedermanns Überzeugung der Baum stürzen mußte... Schon krachte die Föhre, sie neigte sich, sie sank, sie fiel schon auf ihn, da erhob Martinus seine Hand gegen sie und setzte ihr das Zeichen des Heils entgegen. Wie von einem Wirbelsturm erfaßt, wurde der Baum da zurückgeworfen und stürzte nach der entgegengesetzten Seite. Beinahe hätte er dabei die Heiden, die sich dort sicher glaubten, zu Boden geschlagen... Durch diese Wundermacht und das Beispiel des Heiligen erstarkte das Christentum sehr (Vita 13).

28   Martin läßt den Götzenbaum fällen
29   Landschaft an der Loire, dem Missionsgebiet des hl. Martin

Der Kaiser Maximus war durch die in Trier versammelten Bischöfe nach der Hinrichtung des Priscillian auf verkehrte Wege gebracht. Martinus war dagegen in seiner Liebe ängstlich dafür besorgt, nicht bloß die Christen, die bei dieser Gelegenheit zu leiden hatten, sondern auch die Häretiker zu befreien (3. Dialog 11). Viele der versammelten Bischöfe schlugen ihre bischöfliche Würde geringer an als die Gunst des Kaisers. Martinus war der einzige, der die apostolische Würde entschieden zu wahren wußte. Mußte er nämlich für andere beim Kaiser Fürsprache einlegen, so tat er auch dies eher im Ton eines Befehls als einer Bitte. Er schlug auch die oft wiederholte Einladung zur Tafel des Kaisers ab ... ließ sich aber schließlich doch bestimmen, bei der Tafel zu erscheinen. Kaiser Maximus war über diesen Erfolg hocherfreut. Martinus selbst saß neben dem Kaiser. Da reichte der Sitte gemäß der Diener dem Kaiser die Trinkschale. Dieser befahl, man solle die Schale lieber dem heiligen Bischof reichen; denn er brannte vor Verlangen, sie aus der Hand des Martinus zu empfangen. Indes Martinus trank und gab dann die Schale seinem Priester. Er war nämlich der Ansicht, kein anderer sei würdiger, nach ihm zuerst zu trinken; er könne es mit seinem Gewissen nicht vereinen, wenn er den Kaiser dem Priester vorzöge (Vita 20).

30   Die kaiserliche Basilika in Trier
31   Martin und der Kaiser Maximus an der Festtafel

Zur Zeit etwa, als Martinus die Bischofswürde zuteil wurde, mußte er aus dringender Veranlassung zum kaiserlichen Hof gehen. Damals führte Valentinian I. die Zügel der Regierung (364–75). Er gab Befehl, Martinus nicht vorzulassen. Martinus versuchte ein erstes und zweites Mal, eine Audienz bei dem hochmütigen Kaiser zu erlangen. Am siebten Tag erschien dem Martinus ein Engel und hieß ihn furchtlos zum Palast gehen, die verschlossenen Tore würden sich von selbst öffnen. So gelangte er ungehindert bis zum Kaiser. Dieser hielt es unter seiner Würde, sich vor Martinus, der vor ihm stand, zu erheben, bis Flammen unter dem Thronsessel auflodern und Feuer am sitzenden Kaiser hinaufzüngelte. Jetzt erhob sich der stolze Mann wider seinen Willen vor Martinus, und ohne auf Martinus Bitten zu warten, gewährte er schon zum voraus alles (2. Dialog 5).

32   Martin vor Kaiser Valentinian mit dem brennenden Thron

Zur selben Zeit wurde ein Knecht des Prokonsuls Tetradius vom Teufel ergriffen und sehr gequält. Tetradius warf sich dem Heiligen zu Füßen und drang in ihn, er möge doch ins Haus kommen, wo der Besessene war. Martinus erklärte, er könne das Haus eines Heiden nicht betreten. Da versprach Tetradius, Christ zu werden, wenn sein Knecht vom Teufel befreit würde. Martinus legte nun dem Knecht die Hand auf und trieb den unreinen Geist aus. Als Tetradius das sah, glaubte er an den Herrn Jesus (Vita 17).

33   Martin und der Prokonsul Tetradius

Auch im Gebiet der Äduer zerstörte Martinus Tempel und Götzenbilder. Oft wußte er durch sein frommes Wort die Heiden umzustimmen; es ging ihnen das Licht der Wahrheit auf, und sie rissen ihre Tempel selbst nieder (Vita 15).

34   Römische Ruine in Autun, der Hauptstadt des Äduergebietes

Unweit der Stadt Tours lag ein Ort, den die Leute in der irrigen Anschauung, es wären dort Märtyrer begraben, zu einem Heiligtum gestempelt hatten. Es stand dort auch ein Altar. Martinus aber schenkte nicht leichthin unerwiesenen Behauptungen Glauben. Er begab sich mit wenigen Brüdern an den Ort, trat zum Grab und betete zum Herrn, er möge ihm kundtun, wer hier begraben liege. Dann drehte er sich nach links und sah neben sich einen schmutzigen Schatten mit drohender Gebärde. Auf Befehl des Martinus gestand er, er sei ein Räuber gewesen und wegen seiner Freveltaten hingerichtet worden. Das Volk verehre ihn in irriger Weise als Heiligen ... Da ließ Martinus den Altar, der dort war, wegschaffen. Auf diese Weise befreite er das Volk von jener irrigen, abergläubischen Verehrung (Vita 11).

35 *Martinus läßt den Altar des falschen Märtyrers zerstören*

Eines Tages begleiteten wir Martinus auf dem Gang zur Kirche. Da begegnete ihm ein Armer, halbnackt – es war Winter – und bat, man möge ihm ein Kleidungsstück geben. Martinus rief den Erzdiakon herbei und befahl, den frierenden Mann sofort zu bekleiden. Hierauf ging er in den Anbau der Kirche. Der Arme aber drang in die Zelle des heiligen Mannes ein, weil er sich hintergangen glaubte, da der Erzdiakon ihn auf das Gewand so lange warten ließ. Da zog der Heilige alsbald, ohne daß der Arme es merkte, heimlich unter dem Mantel sein Untergewand aus, legte es dem Armen um und hieß ihn gehen.
Als nun der Erzdiakon erschien und mahnte, Martinus müsse zur Feier der heiligen Geheimnisse aufbrechen, sagte dieser, er könne nicht zur Kirche aufbrechen, so lange der Arme – er meinte damit sich selbst – das Gewand nicht erhalten habe. Da holte der Kleriker, die Galle lief ihm schon über, aus einem nahen Laden ein kurzes, rauhhaariges Gewand für fünf Silberlinge und warf es zornig Martinus vor die Füße mit den Worten: „Hier ist das Gewand, aber der Arme ist nicht da." Ohne jede Erwiderung hieß Martinus ihn kurze Zeit draußen warten. So gelang es ihm, das Gewand unbemerkt anzuziehen. Dann rüstete er sich in diesem Gewand, Gott das Opfer darzubringen. Ein Wunder ist, was ich jetzt erzähle. Während er, wie es Brauch ist, den Altar beräucherte, sahen wir über seinem Haupte eine Feuerkugel leuchten, derart, daß sie in die Höhe steigend, einen langen Lichtschweif herniedersenkte (2. Dialog 1, 2).

36 *Martin gibt vor der Meßfeier dem Armen sein Gewand*
37 *Die Messe des heiligen Martin*

Als Martinus einmal Pfarreien visitierte, trafen wir auf eine Jägerschar. Hunde jagten einem Hasen nach. Bei seiner erbarmenden Milde ging dem Heiligen die gefahrvolle Lage des Tierleins zu Herzen. Er befahl den Hunden von der Verfolgung abzustehen. So entwischte das Häslein seinen festgebannten Verfolgern mit heiler Haut (2. Dialog 1, 2).

38 *Martin schützt den Hasen vor der Verfolgung der Hunde*

Im Himmel aufgenommen

Ein Vorkommen machte es Martinus zur Pflicht, die Pfarrei Candes zu besuchen, obwohl ihm das nahe Ende seiner Tage bekannt war. Unterwegs sah er, wie in einem Flusse Tauchervögel auf Fische Jagd machten. Ihr gefräßiger Kropf war mit einer Unmenge erbeuteter Fische ganz vollgestopft. Da sprach Martinus: „Das ist ein Bild des Teufels: sie stellen den Sorglosen nach, fangen die Achtlosen, verschlingen die Beute und können sich am Fraße doch nicht ersättigen." Dann gebot er den Vögeln mit machtvollem Wort, sie sollten die Gewässer verlassen. Er zeigte hierbei diesen Vögeln gegenüber dasselbe Machtgebot, mit dem er gewöhnlich die Teufel in die Flucht jagte (3. Brief).

39   Martin und die Tauchervögel

Martinus blieb einige Zeit in Candes und stellte den Frieden unter den Klerikern wieder her. Schon dachte er daran, zum Kloster zurückzukehren, als ihn ganz unerwartet die Körperkräfte verließen. Er rief die Brüder herbei und erklärte ihnen, er fühle sein Ende nahe. Schluchzend sprachen alle zu ihm: „Vater, warum verlässest du uns?" Da betete Martinus: „Mein Gott, hart ist zwar der Kriegsdienst und Kampf im Fleische, und es ist genug an dem, was ich bislang gestritten. Allein, wenn du mir befiehlst, daß ich für deine Sache in derselben Mühsal noch weiter ausharre... will ich, so lange du willst unter deiner Fahne streiten."
Betend durchwachte er die Nächte auf Asche und in einem Bußgewand gebettet. Als die Jünger in ihn drangen, er solle wenigstens ganz gewöhnliches Stroh unter sich legen lassen, lautete seine Antwort: „Kinder, für einen Christen ziemt es sich, nicht anders als auf Asche zu sterben... Laßt mich, Brüder, lieber zum Himmel als zur Erde blicken, damit mein Geist, der sich schon anschickt, zum Herrn zu gehen, die Richtung einhalte."
Nach diesen Worten sah er den Teufel neben sich stehen. „Was stehst du hier, blutdürstige Bestie", sprach er da, „Unheilstifter, du wirst an mir nichts finden. Mich nimmt der Schoß Abrahams auf." Bei diesen Worten gab er seinen Geist auf (3. Brief).

40   Tod des Martin
41   Candes an der Loire, der Sterbeort des hl. Martin

Die Legende berichtet, daß der hl. Severin, Bischof von Köln, den Tod des hl. Martin im Traum vorhergesehen habe.
Eine andere Legende berichtet, daß der hl. Ambrosius, der Bischof von Mailand, um die Sterbezeit des hl. Martin die Messe las und während der Predigt einschlief. Als die Priester den greisen Bischof nach Stunden weckten, berichtete er, daß Martin gestorben sei und daß er für den Heiligen während seines Schlafes die feierliche Beerdigung vollzogen habe.

42   Bischof Severin von Köln
43   Der hl. Ambrosius bettet den Leichnam des hl. Martin zur letzten Ruhe

Der Leichnam des hl. Martin wurde zu Schiff von Candes nach Tours gebracht. Die ganze Stadt eilte der Leiche entgegen. Dieses Geleit führte die Leiche des heiligen Mannes unter himmlischen Gesängen zur letzten Ruhestätte.

44 *Martins Leiche wird ins Schiff gebettet und nach Tours geführt*
45 *Der Schacht unter der Kirche St. Martin zu Tours, in dem der Sarkophag des Heiligen beigesetzt worden ist*

Martinus wurde überströmend vor Freude im Himmel aufgenommen. Martinus, hier arm und demütig bescheiden, geht reich in den Himmel ein. Ich hoffe, daß er von dort aus uns beschützt, daß er auf uns herniederschaut (3. Brief).

46 *Christus als Weltherrscher*

UBI SEPELIVIT CORPUS BEATI MARTINI

a scto. uiuit in xpo
gemma sacerdotum.
Capla. In laudib; z ad horas ut supra.
·iii· id' nouenb Transitus bi Martini

Bildregister

1 KONSTANTIN DER GROSSE (282–337), Kopf einer kolossalen Sitzstatue aus der Maxentius-basilika, 313 n. Chr. Höhe des Kopfes mit Hals 2,60 m. – Rom, Hof des Konservatorenpala-stes.

5 MARTIN TEILT SEINEN MANTEL vor dem Tor von Amiens mit einem Bettler. Glasfenster (um 1230) aus der Kirche von Varenne-Jarcy (Essonne). – Paris, Musée de Cluny.

2 PERSONIFIKATION DES FLUSSES DONAU, dar-über Szenen des Kampfes der Römer mit den Dakern. Detail vom Fuß der Trajanssäule (107 bis 117 n. Chr.), Marmor, Höhe der Säule 39,81 m, Durchmesser 3,83 m, Höhe des Re-liefbandes 0,90 m, Gesamtlänge des Reliefban-des ca. 250 m. – Rom, Trajansforum.

6 CHRISTUS ERSCHEINT MARTIN IM TRAUM. Detail eines Glasfensters (2. Hälfte 13. Jh.) im Chor der Kathedrale von Tours.

3 RÖMISCHER REITER im Kampf mit einem Barbaren. Detail eines Grabdenkmals (1. Jh. n. Chr.). – Bonn, Rheinisches Landesmuseum.

7 RÖMISCHE MÜNZE (Rückseite) mit Christus-monogramm, geprägt im 4. Jh. in Amiens. – Bonn, Rheinisches Landesmuseum.

4 MARTIN EMPFÄNGT DIE TAUFE. Detail eines gestickten Wollteppichs mit Szenen aus dem Le-ben des hl. Martin, entstanden im 13. Jh. in Island. Der Teppich enthält 12 Szenen, Gesamt-maße 0,94 m Höhe, 1,27 m Breite. Breite der Einzelszenen ca. 0,26 m. – Paris, Musée de Cluny.

8 KAISER JULIAN, von den Christen Apostata = der Abtrünnige genannt (332–363); Neffe Konstantins d. Gr. Römische Kupfermünze. – Köln, Römisch-germanisches Museum.

9 MAUERWERK EINES RÖMISCHEN STADTTUR-
MES, wie er auch in Mainz gestanden haben
dürfte. – Köln, Römerturm.

13 OSTFASSADE und Apsis des Baptisteriums
Saint-Jean (4.–6. Jh.) in Poitiers, eines der
ältesten christlichen Bauwerke in Frankreich.

10 MARTIN BITTET DEN KAISER UM ENTLAS-
SUNG aus dem Heeresdienst und verweigert den
Kampf mit Waffen gegen die Germanen. Gobelinstickerei mit Gold- und Silberfäden (15. Jh.),
verwendet als Schmuck auf Kaseln. Zu einem
Zyklus mit Szenen der Martinslegende gehö-
rend, die ursprünglich wohl als Altardecke
gedacht war. Erhalten sind 24 Medaillons. –
Lyon, Musée Historique des Tissus.

14 DIE LIGURISCHEN ALPEN.

11 FASSADE DER KIRCHE NOTRE-DAME-LA-
GRANDE in Poitiers (11./12. Jh.). Die Fassade
enthielt ein Standbild des hl. Hilarius, das aber
bis zur Unkenntlichkeit verstümmelt wurde.

15 MARTIN ZWISCHEN ZWEI RÄUBERN. Detail
eines Glasfensters, vgl. Nr. 6.

12 MARTIN ALS EXORZIST. Szene aus dem isländ-
dischen Stickereiteppich, vgl. Nr. 4.

16 DER HL. MARTIN. Getriebenes, teilweise
vergoldetes Silberrelief an der Seitenwand des
von Meister Volvinus um 835 geschaffenen,
mit Reliefs, Filigran und Emailstegen ge-
schmückten Altars. – Mailand, S. Ambrogio.

17 DIE INSEL GALINARIA, heute Isola d'Albenga, im Golf von Genua, auf die sich Martin nach der Vertreibung aus Mailand zurückzog.

21 BÜRGER VON TOURS BITTEN MARTIN, ihr Bischof zu werden. Gobelinstickerei, vgl. Nr. 10.

18 MARTIN ERWECKT DEN TOTEN KATECHU-MENEN, vgl. Nr. 4.

22 BLICK ÜBER DIE LOIRE AUF TOURS, die Hauptstadt der Landschaft Touraine. Der Name der Bischofsstadt des hl. Martin (im Altertum Caesarodunum) stammt von dem hier beheimateten Stamm der Turonen (Civitas Turonum).

19 MARTIN ERWECKT DEN GEHENKTEN, vgl. Nr. 4.

23 MARTIN WIRD ZUM BISCHOF GEWEIHT. Detail eines Glasfensters, vgl. Nr. 6.

20 MEROWINGISCHER SARKOPHAG, in dem Reste eines etwa zwölfjährigen Kindes gefunden wurden, mit der Inschrift „Ariomeres servus domini Martini ora pro me". Der Sarkophag wurde bei Grabungen im Bereich des von Martin gegründeten Klosters Ligugé bei Poitiers gefunden.

24 DER HL. BISCHOF MARTIN. Teil einer Statue (1200–1210) am Gewände des südlichen Querhausportals der Kathedrale von Chartres. Aus der gleichen Zeit stammt auch ein Fenster der Kathedrale mit Szenen aus dem Leben des hl. Martin.

25 ZELLEN IM STEILUFER DER LOIRE bei Tours. Sie bilden den ältesten Teil des von Martin gegründeten Klosters Marmoutier, das vom 9.–14. Jh. zu den bedeutendsten Klöstern Frankreichs gehörte und im 19. Jh. fast völlig abgerissen wurde.

29 LANDSCHAFT AN DER LOIRE bei St. Benoit.

26 MARTIN KÜSST DEN AUSSÄTZIGEN von Paris, der dadurch geheilt wird. Gobelinstickerei, vgl. Nr. 10.

30 DIE PALASTAULA (Basilika) in Trier, Kernstück des nach 300 von Konstantin erbauten kaiserlichen Palastbezirkes, mißt heute noch 67 m in der Länge, 27,5 m in der Breite und 30 m in der Höhe. Sie dient seit dem 19. Jh. als evangelische Kirche.

27 OSSUARIUM IN DEN KATAKOMBEN VON PARIS. Der Eingang zu diesen sich in ca. 20 m Tiefe unter großen Teilen von Paris hinziehenden Gängen, die schon zu römischer Zeit und bis ins Mittelalter als Steinbrüche dienten, liegt im Süden der Stadt bei Denfert Rochereau.

31 MARTIN UND KAISER MAXIMUS an der Festtafel. Miniatur um 1100 (f. 42) aus der Handschrift „Vic et mirache de St.-Martin" aus dem Besitz der Kirche St. Martin zu Tours. – Tours, Bibliotheque municipal, MS 1018.

28 MARTIN LÄSST DEN GÖTZENBAUM FÄLLEN. Glasfenster (um 1230) aus der Kirche von Varenne-Jarcy. – Paris, Musée de Cluny.

32 MARTIN VOR KAISER VALENTIAN, dessen Thron zu brennen begann, als er den Heiligen sitzend empfangen wollte. Gobelinstickerei, vgl. Nr. 10.

117

33 MARTIN WIRD VOM PROKONSUL TETRADIUS um Heilung seines Knechtes gebeten. Gobelinstickerei, vgl. Nr. 10.

37 DIE MESSE DES HL. MARTIN. Tafel (Ausschnitt) von der Tabernakeltür des Clarenaltars (Mitte 14. Jh.). – Köln, Dom, Diözesanmuseum.

34 RUINE EINES RÖMISCHEN JANUS-TEMPELS (?) in Autun.

38 MARTIN SCHÜTZT EINEN HASEN vor der Verfolgung der Hunde. Gobelinstickerei, vgl. Nr. 10.

35 MARTIN ZERSTÖRT DEN ALTAR DES RÄUBERS, der fälschlich als Märtyrer verehrt wurde. Gobelinstickerei, vgl. Nr. 10.

39 MARTIN UND DIE TAUCHERVÖGEL. Isländische Stickerei, vgl. Nr. 4.

36 MARTIN GIBT VOR DER MESSFEIER EINEM BETTLER SEIN GEWAND. Isländische Stickerei, vgl. Nr. 4.

40 TOD DES HL. MARTIN. Isländische Stikkerei, vgl. Nr. 4.

41 BLICK ÜBER DIE LOIRE AUF CANDES-SAINT-MARTIN, den Sterbeort des hl. Martin.

44 MARTINS LEICHNAM wird ins Schiff gebettet und nach Tours geführt. Miniatur (12. Jh.) aus dem Sacramentaire de St.-Martin. – Tours, Bibliotheque municipal, MS 193, f. 89.

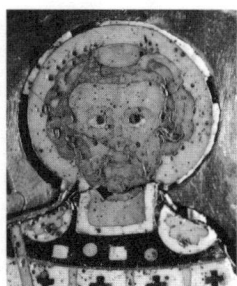

42 BISCHOF SEVERIN VON KÖLN († 397), der am Todestag des hl. Martin himmlische Stimmen hörte. Ausschnitt aus einem Goldemail-Medaillon aus ottonischer Zeit, wohl von einem Schrein des Heiligen. – Köln, Kirche St. Severin.

45 GRABSCHACHT unter der Kirche St. Martin zu Tours, in dem der Sarkophag des Heiligen stand. Die über dem Grab errichtete Basilika der Abtei St. Martin wurde von den Normannen und nach Wiederaufbau 1562 von den Hugenotten, die auch die Reliquien des hl. Martin verbrannten, schwer beschädigt und verfiel dann während der französischen Revolution. 1802 wurde die Kirche abgerissen. Seit 1924 erhebt sich an der gleichen Stelle die neue Basilika.

43 DER HL. AMBROSIUS bettet (im Traum) den Leichnam Martins zur letzten Ruhe. Vergoldetes Silberrelief, vgl. Nr. 16.

46 CHRISTUS IN DER MANDORLA als Herr über Himmel und Erde. Mit Email und Edelsteinen verziertes Mittelrelief des Altars von S. Ambrogio in Mailand, vgl. Nr. 16.